中公新書 2597

蔭山 宏著

カール・シュミット

ナチスと例外状況の政治学

中央公論新社刊

まえがき――尊敬すべき敵の「魅力」

ワイマール共和国の創設に多少ともかかわったとはいえ、一九二〇年に亡くなっているマックス・ウェーバーはナチズムと時期的にも重ならないばかりか、思想的にも接点がほとんどないと言われているが、そのウェーバーでさえ歴史家ヴォルフガング・モムゼンによってナチス体制成立（ドイツ・ファシズム）との理論的関係性を問題視されている。ましてやナチス体制下で党員になり一時期ナチの支配を正統化する論文を発表し、その関係が明白であるカール・シュミットが一貫して批判にさらされてきたのは当然である。そのような前歴をもつシュミットについて一書が編まれるのは、かれの理論的達成度、理論的鋭さ、その現代的意義が今日認められるようになってきているためであると同時に、それほどまでの思想家がなぜ一時期ナチ支配の片棒をかついだのかという関心によるところが大きい。

多くの現代人は今日、多かれ少なかれ市民であり自由民主主義者である、あるいはそうならざるをえないとするならば、シュミットは倦《う》むことなく一貫して現代人を批判し続けた思想家であると言ってよい。イギリスの思想史家アイザイア・バーリン（一九〇九―一九九七）は丸山眞男（一九一四―一九九六）に、「カール・シュミットを honourable enemy（尊敬すべき敵）と見ている」点で二人は共通している、と語ったそうだが、この逸話を紹介した後で丸山は、シュミットの言説はやはり「驚くべく鋭い」と述べている（『丸山眞男話文集・続1』）。シュミットの批判は鋭く、その点では「尊敬すべき」であるにしても、ナチス体制を正統化する論陣を張っていたシュミットはやはり政治的にも思想的にも「敵」である、ということなのだろう。

この逸話が示唆しているように、シュミットの思想を全体として批判するのは容易ではない。ナチは文句のつけようのない「悪」だという前提のもとに、ナチとの癒着を指摘することでシュミットを批判できたと思うのは、あまりに短絡的であろう。それで批判済みになるような学者であれば、「敵」であるとはいえ、バーリンや丸山が「尊敬すべき」と認めるはずがない。

シュミットの著作の鋭い分析と説得力は、思想史家や政治学者にとどまらず、広く読者を惹《ひ》きつけてやまない。『憲法論』は法学の、『政治的なものの概念』や『政治神学』は政治学の古典的書物になっているし、個別的な研究でも『政治的ロマン主義』はロマン主義研究の、『ホッブズ国家論におけるリヴァイアサン』などはホッブズ研究の重要文献として、今日でも認められている。「説得力」には、ひとを安心させるような説得力もあれば、ひとを不安に陥れる説得力もあるが、シュミットの「説得力」はまちがいなく後者のタイプに属する。さらにシュミット独自の叙述方法が読者を魅了する。その発想や洞察は鋭利であるし、根底的で時には始源状態を見すえた根底的な問題設定の力、そして敵対者の辛辣な批判に、読者はしばしば圧倒される。シュミットの翻訳者であり批判者でもある田中浩が、シュミットの学問を「魔性」の政治学（『カール・シュミット――魔性の政治学』）と呼んでいるのは、一面でシュミットの自由民主主義批判や政治分析に魅力と説得力を感じながらも、他方でその思想がナチス運動やナチス体制を正当化する根拠にもなりうる「危険性」を感じていたためでもある。

シュミットはナチと接点があったにもかかわらず重要な思想家であると同時に、ナチ的であったからこそ重要な、取り上げるに値する思想家でもあったという側面もあることを忘れてはならない。ナチが誕生し興隆しただけでなく、政権を掌握したという状況を理解するには、ナチとまったく接点のなかった人物よりは、シュミットのように「接点」のあった思想家の方が、状況の問題性を内側から感じとっていた可能性が高いからである。そのような意味において同じような問題は、やはり一時期ナチのイデオローグの役割を果たし、ナチに期待をかけていた哲学者マルティン・ハイデガーや、ナチにコミットはしなかったにせよ思想的親近性が問題にされる作家エルンスト・ユンガーにも認められる。

シュミット政治思想の基本的枠組みはワイマール共和国時代に確立された。「例外状況」の理論、「友・敵理論」、決断主義、自由主義と民主主義の理論、政治的ロマン主義の批判、独裁論、権力国家論、ワイマール憲法論などによって、かれの思想的枠組みは構成されている。以下、序章で生涯をたどった後、第1章から第3章でシュミットの政治思想として比較的よく知られたこれらの論点を紹介する。第3章の末尾では、ワイマール共和国崩壊期にヒトラー政権を阻止すべく論陣を張ったシュミットの思想的実践を扱う。叙述にあたっては、思想や理論がどういうものであったのかを、できるだけシュミット自身の著作に即して述べていく。本書はシュミットの伝記ではなく、その思想と理論の歩みをテーマにしている。

カール・シュミット　目次

カール・シュミット　ナチスと例外状況の政治学

カール・シュミット
(1888—1985)

序章　シュミットの生涯

1　帝政期からワイマール共和国へ

カトリック的価値観

カール・シュミット（Carl Schmitt）は一八八八年にドイツのライン地方ヴェストファーレン州の小都市プレッテンベルクで、下層中産階級に属するカトリックの家系に生まれている。その周辺のザウアーラントは伝統的にカトリックの地域であったが、一八一五年に圧倒的にプロテスタントが多いプロイセンに編入されたという歴史をもっていた。ビスマルク時代にはプロテスタントへの同化政策が一段と強化され、シュミットが生まれた頃のドイツにおいて、カトリックはプロテスタントと比べて少数派だっただけでなく、エスタブリッシュメントからは排除されがちだった。ドイツの大学教授にはプロテスタントの裕福な市民階級の出身者が多く、比較的貧しい下層中産階級出身でカトリックでもあるかれが、後に大学教授の職に就き、最終的にはベルリン大学教授の地位にまで昇りつめたのは大きな「出世」であった。才能と野心に溢《あふ》れる若きシュミットは、プロイセンとプロテスタント中心のエスタブリッシュメント、とくに教養市民層から疎外された少数者意識を、むしろ活力の源として活動を開始しただけでなく、生涯にわたってもち続けていた。時にかれの著作のなかにやや唐突にエスタブリッシュメントへの反発が露出してくるのはそのためである。かれには学者世界の「マージナルマン（周辺人）」という性格がつきまとっていた。

シュミットやハイデガーといった二十世紀ドイツを代表する思想家を理解する上で、カトリックの下層中産階級という出自が重要な意味をもっている。カール・レーヴィット（一八九七―一九七三）は年若い師でもあったハイデガー（一八八九―一九七六）について、「メスキルヒ村の極貧層の出で、ひどく切りつめた暮らしのなかで大学の学業をやりとげていた」と述べている。ハイデガーが「ゆとりのない境遇の出身だということは、あとになっても見まがえようがなかった」。態度や物腰、そして表情などから見てもハイデガーが教養市民層のエリートたちの間で疎外されていたのは明白である（『ナチズムと私の生活』）。ハイデガーほど貧しくなかったにせよ、シュミットもハイデガーの疎外感を共有していた。

シュミットは一九一〇年にシュトラースブルク大学から「最優秀」の成績で法学博士の学位を授与された。学位論文は『責任とその種類』と題され、新カント派的な二元論の立場から当時有力だった一元論的な法実証主義的立場を批判している。当時シュトラースブルク大学は新カント派の牙城のひとつだった。法実証主義においては国家によって制定された実定法の権威が強調され、実定法の上位にある倫理や規範は認められなかったのに対し、新カント派は実定法を超える高次の規範があると考えたわけで、学位論文執筆時のシュミットもこの立場に与《くみ》していた。かれがこうした立場に立った背景に、かれのカトリック的な価値観があったのは言うまでもない。シュミットは、皇帝を頂点にいただき官僚と軍隊によって支えられた、帝政ドイツの権威主義的国家体制のもたらす秩序と安定感を、歓迎していた。

第一次世界大戦勃発後シュミットは志願兵として入隊したが、訓練中に負傷して、戦闘不適格者と認定され、ミュンヘンの参謀本部に配置転換された。同時にアカデミックなキャリアを積むことも可能とされ、教授資格を取得した後、シュトラースブルク大学私講師に就任している。初期の著書には、『国家の価値と個人の意義』(一九一四)や『テオドーア・ドイブラーの「北極光」』(一九一六)などがあり、戦時中には戒厳令に関する二つの論文も発表している。

敗戦と革命的騒乱、帝政ドイツの権威主義的国家の崩壊、安定的基盤を欠くワイマール共和国の成立は、シュミットの生活はもちろん、その理論や政治思想にも深刻な影響を与えた。敗戦の結果シュトラースブルクはフランス領ストラスブールとなり、大学は閉鎖されて、シュミットはその地位を失った。移り住んだミュンヘンでは短命ながら革命政権が成立し、ここでボルシェヴィキ化と秩序崩壊の恐怖を体験する。

しかしシュミットは直ちにミュンヘン商科大学にポストを得て、一九二二年にはボン大学の教授職に就いている。この時期にもかれの旺盛な著作活動は続き、『政治的ロマン主義』（一九一九）や『独裁』（一九二一）、さらに『政治神学』（一九二二）などを刊行し、ドイツの代表的な法学者、政治学者としての地位を不動のものにした。その仕上げとなったのが、『現代議会主義の精神史的地位』（一九二三）と『ローマ・カトリック主義と政治形態』（一九二三）であった。

法学的思考から政治学的思考へ

シュミットは、権威主義的な帝制ドイツからワイマール共和制への体制変革にともなって必要な理論的調整を行う過程で、独自の政治理論を確立していく。この時期の政治状況にも影響を受け、シュミットは新カント派的二元論から脱却して、法学的思考から政治学的思考に重心を移し、政治による媒介という契機や法学的問題の基礎に政治的問題があることを重視するようになった。敗戦と国内の革命的動向を背景に生まれたワイマール共和国は、不平等な選挙法を改正し、制度面では自由民主主義的な体制を整えたが、ヴェルサイユ体制のもとで「天文学的数字」とも言われた多額の賠償金を課され、民主化された議会は多党に分裂し、安定的な共和国支持勢力を欠き、一貫して不安定な基盤しかもちえなかった。とくにハイパー・インフレーションが終息する一九二三年末までは共和国の存続さえ危ぶまれる状態にあった。シュミットは政治学的にも法学的にも一貫してヴェルサイユ条約を強く批判している。

元来、権威主義的国家に共感を覚えていたシュミットはこの時期、共和国の思想的脆弱《ぜいじゃく》さを批判する論文を発表していたが、一九二四年以降の「黄金の二〇年代」と言われる相対的安定期を迎えると、ワイマール共和制を受け入れるようになり、『憲法論』(一九二八)にはそのような姿勢を読み取ることができる。一九二七年には代表作となる『政治的なものの概念』も発表されているが、そこではカトリック的価値観は背景に退いている。

2 ワイマールからナチへ、そして戦後

一時的な安定期はあったものの、もともと脆弱な基盤の上に成り立っていたワイマール共和国は、一九二九年にアメリカ発の経済恐慌がドイツに波及すると、崩壊の危機をいっそう

強めることになる。ワイマール期の平和で安定的な政治のシンボルだった外務大臣のグスタフ・シュトレーゼマンが亡くなり、ヘルマン・ミュラーの大連立内閣が崩壊すると、もはや議会を基礎とする内閣は形成されず、ワイマール憲法第四八条を根拠とする、元軍人で老齢の保守的な政治家ヒンデンブルク大統領の「緊急令」による政治（「大統領内閣」）が行われるようになった。ブリューニングから始まって、パーペン、シュライヒャーに至る内閣がそれである。この間、群小政党の一つにすぎなかったナチ党は一九三〇年九月に飛躍的に議席を伸ばし、一九三二年七月にはドイツ社会民主党を抜いて第一党にのし上がり、政権をねらう勢いにあった。

一九二八年に首都ベルリンの商科大学に移ったシュミットは大蔵事務次官のヨハネス・ポーピッツと親交をえたこともあり、有力な法学、政治学者として現実政治にも関与するようになっていった。多党乱立の不安定さと左右の急進主義的な反体制政党である共産党とナチ党の狭間《はざま》にあって、いまや死に体となろうとしているワイマール共和国の秩序を、大統領の権力によって維持しようという努力によって、この時期のシュミットの理論と実践は特徴づけられる。かれが大統領内閣を支持し、一九三二年には、不安定要因だった共産党とナチ党の影響力を排除しようと画策したのも、そのためである。関連する著書として『憲法の番人』（一九二九／一九三一）や『合法性と正統性』（一九三二）がある。ワイマール時代はシュミットの学問的全盛期にあたるだけでなく、かれの基本的立場がほぼ確立した時期でもあった。シュミットの法学や政治思想、とりわけ政治思想の入門書としてかれの生涯全体を視野に入れる本書ではあるが、それでもワイマール時代の学問的活動の記述がやや多めになっているのは、そのためである。

シュミットは共和国の崩壊をとどめようとしたものの、一九三三年一月三〇日にはヒトラー政権が成立し、ワイマール共和国は最終的に崩壊した。自由民主主義的な体制から全体主義的支配への転換は、二月末の国会議事堂放火事件を端緒に、一九三三年三月二四日に発効した授権法によって、強引ではあるがあっけなく実現した。その仕上げとなったのがナチ内部と周辺の異分子を粛清した、一九三四年の「レーム事件」だった。一九三二年の時点ではまだナチ政権を阻止する方向で動いてもいたシュミットは、保身的動機もあったが機を見るに敏でもあり、ナチ党に入党しナチス体制に忠誠を誓った。かれにとっては支配者が誰であれ、秩序の維持が何よりも優先すべき課題だったのかもしれない。

同年中にベルリン大学教授になったシュミットは、ナチス体制を法学的にも政治学的にも正当化する論文や著書を立て続けに発表し、プロイセンの枢密顧問官にもなって、ナチス体制における地位を確立したかにみえた。しかしその努力にもかかわらず、ナチス体制下でのかれの立場は不安定なものだった。やがてナチの親衛隊ＳＳの指導部や法学者オットー・ケルロイター（一八八三―一九七二）などから批判を受け、ナチ期後半にもなるともはや重用されることもなくなった。不安を覚えるようになったシュミットは、次第にホッブズ論などの学問的著作に逃避していき、広域理論やヨーロッパ公法論などに取り組んで、現実政治からは距離をおくようになった。ナチ期の著作としては『国家・運動・民族――政治的統一体を構成する三要素』（一九三三）、『ホッブズ国家論におけるリヴァイアサン――ある政治的象徴の意味と挫折』（一九三八）、『陸と海と――世界史的一考察』（一九四二）などがある。

敗戦後と再評価

敗戦後シュミットは非ナチ化委員会の査問を受けた。戦争犯罪の被疑者として収容されたが、取り調べの結果、最終的には釈放されている。しかしナチとの癒着は蔽《おお》いようもなく、学界からも事実上追放され、西ドイツの生まれ故郷プレッテンベルクで「隠遁《いんとん》生活」をおくった。一九五〇年代になると著作活動も再開したが、ナチ時代の汚名は容易に消えるものではなく、学者、思想家としての復権には程遠い状態だった。しかし一九七〇年代にアメリカや日本、西ドイツなどの新左翼などがその理論に注目し、やがてシュミットの再評価の気運が生まれてきた頃、かれは一九八五年に九六年に及ぶ生涯を終えた。

ナチス体制の崩壊後四〇年を経て、ナチ時代との距離感も生まれるようになると、シュミットの政治理論、とりわけ後期の政治理論の射程は戦後の新しい状況にまで及ぶのではないかという見方が生まれてくる。さらにまた、ワイマール時代の政治理論にしてもナチス体制の制覇を弁証するという以上に、二十世紀的現代の時代状況を解明したのではないかという観点からのシュミット研究も生まれてきた。シュミット復権の始まりである。

戦後の著作としては『獄中記』(一九五〇)、『大地のノモス――ヨーロッパ公法という国際法における』(一九五〇)、『パルティザンの理論――政治的なものの概念についての中間所見』(一九六三)、『政治神学再論』(一九七〇)などがある。

3　前期シュミットと後期シュミット

七〇年にも及ぶ長期の著作活動や、その間、帝制から共和制へ、そしてナチ期、戦後の西ドイツへと数度の体制変革を経ているシュミットだから、その理論や思想に一定の変化があるのは当然である。

シュミット政治思想の基本的枠組みはワイマール共和国時代に確立され、ナチ時代を経て戦後にも大筋において維持されている。しかし、ナチ時代後期の一九三八年以降、それ以前の枠組みでは注目されていなかった問題局面に光があてられるようになり、枠組みを修正するような新しい傾向が生まれている。本書ではそうした傾向を重視し、一九三八年頃を境目として、それ以前を「前期シュミット」、それ以後を「後期シュミット」と呼ぶことにしたい。

一九三八年以前と以後

もちろん政治史を中心に、シュミットがナチス体制の支持を決断し、そのイデオローグとなった一九三三年前半期を画期として、ワイマール期、ナチ期、戦後と三つの時期に分けることも可能だが、シュミットの思想的歩みをみていくという本書の観点からすれば、一九三八年以降の変化の方が重要な意味をもっている。あらかじめやや単純化して比較すれば、前期シュミットにおいては、理論的構築性、組織性、計画性、権力性、決断主義といった特性がはっきりと優位に立っていた。制度化される以前の具体的現実に注目する場合でも、これらの特性により、とりわけ主権者の決断によって安定的秩序が形成されるという構図になっていた。これに対し後期シュミットになると、理論や組織、計画、権力、および決断など、前期シュミットが重視していた諸特性による統制の及ばない問題領域への関心が目覚め、ときには秩序形成におけるそれらの問題領域の役割を積極的に評価するような新しい傾向が生まれてくる。

陸地に対して海洋の意義を、つまり、海洋を征したイギリス的発展の意義を評価し、画一的な計画になじまない自然に成長するものに関心を寄せ、ヨーロッパの国際法に則《のっと》り一定の約束事のもとに行われていた近代の、正規的で公然の空間で行われた戦争に対し、それを逸脱するパルティザンの戦い方に注目するといった新しい傾向である。こうした新たな志向性は前期シュミットの理論を補強するというより、むしろ修正し、相対化するものである。

ベルリン大学教授として「合法的」に成立したナチス政権に従い続ける一方で、ある時期からシュミットは、ドイツの権力国家的発展を実現すると期待したヒトラーのナチス体制から密《ひそ》かに身を引きはじめた。一方ではナチス体制下での地位を保持できるよう配慮しながら、他方において、みずからの思想的・理論的枠組みを再検討していたのが後期のシュミットであった。一九三八年以降、とりわけ一九四〇年代に入ると、新しい関心が明示的にあらわれてくるが、遡ればナチス体制成立の一年後（前期シュミット）に、シュミットが決断主義の看板を下ろし「具体的秩序」に軸足を移したときに、ナチス体制を全面的に支持するという枠組みのなかにおいてであるにせよ、すでに後期シュミットは産声をあげていたのである。

さらに後期シュミットにおいて、もう一つの注目すべき論点が表面化する。前期シュミットの政治思想に関する著作はほぼ政治理論的、政治思想的考察から成り立っているのに対し、後期シュミットにおいてそうした考察は背景に退き、伝統的な政治思想の枠を超えた一種の地政学的考察が中心になる。前期から後期への過渡期に発表された著作が『ホッブズ国家論におけるリヴァイアサン』（一九三八）だった。それは形式的にはいまだ政治思想史的著作だったが、リヴァイアサンというシンボルに即して近代国家の崩壊が跡づけられている。伝統的考察から逸脱を始めたシュミットは、同時期に「ラウム（空間）論」（第4章参照）の観点から近代国家の盛衰史を論じるようになった。とくに『陸と海と』と『大地のノモス』がこの時期の代表作である。前期シュミットにおいて政治理論史・政治思想史的に論じられた問題が、後期においては「ノモス」「ラウム」といった概念を軸に読み換えられていった（第5章）。ただしこのような変化が生まれたとはいえ、後期においてシュミットがナチ路線から離れてしまったわけではない。

技術の問題

そして前期シュミットと後期シュミットをつなぐ位置にあるのが、技術、テクノロジーの問題である。初期の著作『政治神学』においてシュミットは、生活全般における技術化の進展によって政治が抹消されかねない時代の傾向に、警鐘を鳴らしていた。当初シュミットは政治を論じるに際し、技術の問題を外部の問題として扱っていた。しかし論文「中立化と脱政治化の時代」（一九二九）になると、精神生活において技術が中心の位置を占め、もはや政治の問題において技術を外部として無視しえなくなっていることを、独自な思想史的手法で明らかにしている。技術が生活のなかに解体的に浸透していく現実に対する危機意識のあらわれが「モデルネ」（文脈に応じて現代とも近代とも訳される）の意識だったとすれば、この点でシュミットはモダニズムの芸術運動と接点をもっていた。後期シュミットになると、技術を政治の内部に取り込んで論じようとする姿勢がいっそう表面化し、技術の浸透の帰結や影響に関し、独自な見方を展開している。それこそが政治思想における〈現代〉の問題であった。

今日では後期の政治思想についても知られるようになってきたが、依然としてシュミットの政治思想の名のもとに、前期の思想のみが紹介される傾向にある。前期の思想的特徴をもってシュミットの全体像を描くのは問題である。

やや長くなってしまったが、本論に先立ち、あらかじめシュミットの生涯と本書の基本的枠組みを簡単に紹介した。さてワイマール時代から始めることにしよう。

第1章　政治学の基礎概念としての「例外」と「政治的なもの」

――『政治神学』『政治的なものの概念』

1　「例外」の思想家

一九二〇年代後半に一時的にやや安定したとはいえ、ワイマール時代（一九一九―一九三三）は総じて不安定な時期だったため、国際的にも国内的にも重要な政治的事件が多く、ほぼ一貫して政治の時代だった。しかし意外なことにシュミットは、ワイマール時代の支配的な時代潮流において「政治的なもの」が排除されているところに諸悪の根源があり、「政治的なもの」を回復する必要がある、とみていた。国内外の具体的現実において対立が鮮明となり、激化しているにもかかわらず、政治的にみて適切に対応できていないという危機意識を抱いていた。学者であったかれはもちろん学問の分野で危機に対応し、とくに政治学や法学の基礎概念を再検討した。その際、例外状態から概念を組み立てると同時に、概念の思想的基礎を問題にするところに、シュミットの学問の特徴がある。

本章では、長いシュミットの学問的生涯を通じてほぼ維持されたかれの政治理論に独自の鍵概念のなかから、とくに重要な基礎概念にあたる「例外」と「政治的なもの」を取り上げ、シュミットの政治論の基本的発想を明らかにする。

方法概念としての「例外」

「例外」、あるいは「例外状況」の概念を鮮明に打ち出した著作が、『政治神学――主権論のための四章』（一九二二）である。シュミットは、「常態はなにひとつ証明せず、例外がすべてを証明する」と述べているが、こうした見方をかれは哲学者のキルケゴール（一八一三―一八五五）から学んでいる。「例外」に基礎をおくシュミットのこの理論は、敵と味方を絶えず「決定」する政治学だとも言われる。「例外」とは極限の、あるいは極端な事例であり、政治における「例外状況」とは現行の法秩序が停止される状況を意味し、時には人びとの生死が賭けられている状況にもなる。政治家の日常的な駆け引きや利害調整を政治であるとイメージしがちなわれわれは、そのようなシュミットの政治観を前にして緊張を覚える。

とはいえ、政治（国家）のみが人びとを合法的に死に赴かせることができるという認識自体はシュミット独自の見方ではなく、マックス・ウェーバー（一八六四―一九二〇）もそう考えていたし、そもそもウェーバーをもちだすまでもなく、今日政治学の教科書にもよくみられる、ごくありふれた認識であると言ってもよい。しかし同じことをシュミットが言うと、読者にとりわけ危険な印象を与えるのは、かれが一時期ナチの御用学者的役割を果たしていたため、敵対者を容赦なく弾圧するナチの残虐政治とかれの政治論を重ねてみられがちであるというだけでなく、シュミットの学問の特質や論述の仕方にも関係している。

このように、「例外状況」から政治をみていくのがシュミットの政治学の特徴をなすとはいえ、例外に着目するのは政治学に限らず、およそ学問における概念構成によくみられる方法であり、学問の基本的な概念は例外を想定して構成されているとも言える。自由主義経済自体がそうであるし、精神分析における狂気なども同様である。しかし日常生活の実態はこれとはちがっている。政治家は絶えず人びとの生死が賭けられている「例外状況」に直面しているわけではないし、絶えず敵味方の「決定」を下しているわけではない。「例外状況」は例外的にしか生じないから「例外」なのであるし、生死の賭けられた敵味方の決定も日常的には必要とされない。

われわれはとかく、「常態（日常的状態）」こそが、すぐれて現実なのだから、現実を学問的に認識するには「常態」を対象とすべきであり、「例外」を取り上げても現実の理解には役立たない、と考えがちである。日常生活はその多くが反復、つまり同じことの繰り返しからなっているし、戦争のような非日常的な状態においても、兵士の生活は意外なほど単調な同じことの繰り返しであるということを、戦争文学が明らかにしている。ところがシュミットにとって重要なのは、例外状態であって日常的状態ではない。常態を自明なあり方とみなしていると気づかないが、常態は無数の条件が織りなされた結果、常態として現象しており、そうした条件の一部、または不可欠の要素が突然失われたりすると、例外状態が生まれる。したがって現実の意味や本質を明らかにするには、同じことが繰り返される日常的な現実を中断し、その外部に出て、日常的現実を成り立たせている基礎に目を向けなければならない。

日常生活に即して言えば、出勤、通学で最寄り駅まで歩いていく。歩くことはいかにして可能かなどと考えたりはしない。足の骨を折って歩けなくなるというような例外状態が発生してはじめて、歩くということは自明でなくなり、歩行が実に様々な条件のうえに成り立っていることに気づく。骨折という例外状態になってはじめて、普段の状態を根本において支えている条件に気づくものであり、その意味で「例外」が常態の何たるかを明らかにする。日常的体験（常態）のなかには極限状態として例外的な体験が含まれている。普段はそうした極限状態としての例外状態は眠り込んでしまっていて、潜在的可能性としてさえ意識されない。日常語のなかにひとつの極限状態として含まれていないではないが、通常は意識されない非日常的な体験を眠りから覚ませ（覚醒）、そこに独自の光を与えること、それが

「例外」の役割なのである。

シュミットは『政治神学』において、キルケゴールの『反復』(一八四三)から「例外」と「普遍」の関係についての文章を引用し、現実を認識するうえで「例外」が独自の価値をもつことを強調している。キルケゴールは、「例外は自己自身を考え抜くことによって同時に普遍を考える、例外は全力を尽して自己自身を作り上げることによって普遍のためにはたらく、例外は自己みずからを説明することによって普遍を説明する」と述べ、「例外」に注目することによって「普遍」を考えようとしていたが、これに対し、「例外」それ自体の意義を強調しているところにシュミットの特徴があった(カール・レーヴィット「カール・シュミットの機会原因論的決定主義」)。

シュミットは『政治神学』において、「例外」や「例外状況」といった概念をキーワードにしているが、後の著作、『政治的なものの概念』においても「例外」の方法によって政治の本質を解明している。本書では「例外状況」「例外状態」「例外事例」といった似た用語を用いているが、前の二つの言葉のドイツ語は同じ Ausnahmezustand であり、原則的に「例外状況」と訳しているが、文脈に応じて「例外状態」と訳した箇所もある。

例外と決定の政治学

『政治神学』は、「主権者とは、例外状況に関して決定（決断）を下す者をいう」という有名な言葉で始まり、また「例外に関する決定」こそが「すぐれた意味」において「決定」なのである、ともコメントされている。ここで言う「例外に関する決定」は意味上、「例外状態」であるか否かの決定と「例外における」決定とを含んでいる。

「主権者」の行う、「現に極度の急迫状態であるか否か」の判断（＝決定）は、前者の「例外に関する」決定にあたり、「これを除去するために何をなすべきか」について主権者の行う決定は、後者の「例外における」決定にあたる。安定的な秩序が生まれるには、このような二重の意味での「例外状況に関する決定」が必要とされ、そのような秩序が確保されていればこそ、規範も意味をもちうるし、経済活動も安定的に行える。「例外状況に関する決定」が単なる決定であるという以上に「すぐれた意味における」決定である、と言われる理由はここにある。

政治的な意味で「例外状態」が存在していると言えるためには、「現行の法秩序が停止」され、そこに「無制限の権限」が発生していなければならない。しかしシュミットによれば、「現行の法秩序の停止」という「例外状況」といえども、「アナーキー」や「カオス」の状態とは異なっており、法秩序ではないにせよ、そこに依然として秩序は存続している。「例外状態」において、法は後退しても、国家は存続しているからである。

ここからシュミットは、「国家の存立」は「法規の効力」より優越している、という重要な結論を導き出す。国家が存続しているということは政治的決定がなされていること、それをなしうる主権者が存在することを意味する。その際「決定」は「いかなる規範にも拘束されておらず」、本来の意味で「絶対的なもの」になり、国家はその権利に基づき法を停止することができる。秩序における決定と規範の占める位置関係は、通常状態であるか例外状態であるかに応じて異なり、通常状態において決定の要素は後退するのに対し、例外状態においては決定が優位に立ち、規範は後退する。つまり、シュミットにとって国家の存立こそが第一義的に重要であり、国家形態や憲法は副次的な意義をもつものだった。憲法がなくても国家は必然的にアナーキーになるわけではない。

このことは秩序の存立という点で、法や規範より決定という契機の方が重要であることを示している。いかなる秩序も、法秩序といえども、規範に基づくものではなく、決定に基づいている。規範や法は安定的秩序をもつ正常状態を前提として、はじめて有効になる。カオスの状態において適用できるような規範は存在しない。法や規範が意味をもつには、正常な状態が実際に存在していなければならず、この状態が存在しているか否かを、また存在していない場合どうすべきかを明確に決定する者、それが主権者だった。主権者とは強制ないし支配の専有者としてではなく、何よりも決定の専有者として、法律学的に定義されねばならない。ここでシュミットが第一次世界大戦以前の規範主義的な立場を放棄していることがわかる。

＊シュミットは「決定」にあたるドイツ語として主にEntscheidungを用い、まれにDezisionを用いることもある。本書では基本的に「決定」と訳しているが、最終的には合理的根拠をもたない非合理的な決定であることが強調されている場合には「決断」とも訳している。しかし訳語の区別は本質的違いを表すものではない。また「主義」として言及される場合には原則として「決断主義」と訳している。

政治学の神学的基礎

「例外状態」に対応する事態は、神学において以前から取り上げられてきた。「近代国家論の重要な概念はすべて世俗化された神学的概念である」というよく知られたシュミットの言葉は、神学における神が世俗化され主権者となったのに対応して、神学における奇跡は世俗化されて例外状況となったことを示している。例外という方法概念の基礎にはこのような政治神学があった。

神学における奇跡の概念には「自然法則の中断」、つまり、神の「直接介入による例外の設定」という意味が含まれている。新約聖書に描かれているような、イエスが手を触れて病を治したとか、山を動かし、荒れる海を鎮めたというような奇跡現象は、神がこの世に直接介入することによって、この世を支配している「自然法則」を中断したことを意味する。

ところが近代人の思考は奇跡を呼びおこすような外部の力を受け入れることができず、神学としては理性の限界内でのみ宗教を考える理神論を生み出す。同様に、近代の法治国家も現行法秩序に対する「主権の直接介入」を拒否している。近代を代表する啓蒙思想の合理主義はいかなる例外事例も否定した。

シュミットはまたこのような連関を、「内在性の世界」に対する外部、あるいは超越性の関係として説明している。十七世紀から十八世紀の神概念において、神は世界を超越した存在とされており、それに対応してトーマス・ホッブズ（一五八八―一六七九）の国家哲学にも、国家に対する主権者の超越性という思想が含まれていた。ところが十九世紀になると、もはや神も主権者も超越性を失う。主権者は世界へと内部化され、すべてが内在的観念に支配されるようになる。この傾向を代表するのがヘーゲル哲学だった。壮大に体系化されたかれの哲学は徹底した内在哲学であり、そこで神の存在は認められていても、世界のなかに引き入れられており、世界を超越するものではない。教養人は「超越性」という観念を失うと、内在論者になるか、「形而上学的なもの」に対し無関心になるかのいずれかであり、極端な場合には無神論者になった。いずれの道を行くにせよ、例外に関する感覚は衰退する。

こうして神に代わり内在的世界の一般概念として人類が登場する。人類は神に拘束されなくなると、やがて「アナーキーな自由」に行きつく他ないことに、カール・マルクスやフリードリヒ・エンゲルスは気づいていた。シュミットはこの文脈で、「国家および宗教の本質は、人類の自己自身に対する不安にある」という、若きエンゲルスの意味深長な言葉を引用している。十九世紀の国家論の展開において、有神論的で超越的な伝統的正統性概念が衰退し、新しい民主主義的な正統性概念が登場する。その最終的決着を迎えたのが第一次大戦だった。ロシアのロマノフ王朝や、オーストリア・ハンガリー帝国のハプスブルク王朝、帝政ドイツのホーエンツォレルン王朝は最終的に解体した。

2 「政治的なもの」の概念

『政治神学』を中心にシュミットの政治論の特徴をみてきたが、このほか『現代議会主義の精神史的地位』や『政治的ロマン主義』などの著作でも論じられていた政治論を、いっそう本質的に解明したのが『政治的なものの概念』である。同書はかれの最も有名な著作であり、小冊子ながらかれの代表作になった。

『政治的なものの概念』にはいくつかの版があり、一九二七年にドイツの有名な社会科学雑誌に発表された論文とこれを単行本化したもの、一九三二年に刊行された第二版、ナチス政権が成立した後に刊行された第三版、そして第二次大戦後の戦後版がある。さしあたり触れておきたいのは、第二版では大幅に加筆され、内容にも若干の変化があるということと、第三版ではナチス政権下で問題視されないように一部内容が修正、削除されていること、そしてそのことをシュミットが隠蔽していたことである。大戦後の戦後版は再度第二版に戻っている。ここでは第二版に依拠して議論の内容を紹介する。

具体的思考

シュミットによれば、「国家」の概念は「政治的なもの」という概念を前提としている。「国家」とは特定の組織を指すのではなく、「国民の特定の状態」であり、しかも「決定的な場合」に「決定力」をもつ「絶対的な状態」である。あまりに抽象的すぎて、実感的理解には遠い規定だが、国家は「国民」の存在を前提としていること、しかも戦争状態のような例外的な場合に「決定力」を発揮するような状態である、とされていることがわかる。シュミットも言うように、この概念規定は「政治的なもの」という標識を加えてはじめて意味をもつ。

シュミットが自覚的に「政治」と「政治的なもの」を区別していることは、かれが「政治的なもの」の定義はほとんどない、と言っていることからも明らかである。「政治」の定義は数多く存在する。そこで「政治的なもの」とは何かと考える場合、まず問題になるのは、なぜ「政治」でなく「政治的なもの」なのか、「政治」と「政治的なもの」はどのような関係にあるのか、である。「政治的なもの」が例外状況における政治の在り方、つまり政治の本質を表現しているのに対し、「政治」は意味上例外状況を含んでいるにしても、主として政治の日常的な在り方を念頭においた用語である。シュミットは、時代の主要潮流において「政治的なもの」への感覚が失われていることに危機感を抱いていたが、「政治」が排除されていると考えていたわけではない。

かれは「政治的なもの」とは何かという問題を、他の領域の本質、すなわち「経済的なもの」や「道徳的なもの」、そして「美的なもの」などの概念と比較しつつ、とくに二つの論点を展開している。まず提起されているのは、「政治的なもの」が現れるのは、制度的レベルではなくて具体的な現実のレベルにおいてである、という論点である。

政治的な思考方法として、既存の政治体制を前提とし、その枠組みのなかで思考する制度論的思考と、対立を解決する既存の制度化されたルートに収まりきらない利害関心に、つまり具体的現実に注目する具体的な思考とがあるとすれば、シュミットは「政治的なもの」の所在を問題にする場合、とりわけワイマール共和国期には、具体的現実や具体的思考の方に注目していた。

インゲボルク・マウスの言葉を借りて（『カール・シュミットの法思想』）、より具体的に言えば、シュミットの政治理論には、「組織として確立していない政治現象」に優位が与えられており、「制度化されていないもの、まだ体制化されていないもの」への熱烈な関心がみられる。与党や改良主義的政党、そしてその背後にいる社会的勢力は、制度的現実や制度論的思考に親縁性をもつのに対し、制度の恩恵を与えられることの少ない左右の急進主義政党やその背後にいる社会的勢力は、具体的現実や具体的思考に親縁性をもつ。シュミットの理論が右翼急進主義勢力だけでなく、左翼急進主義勢力にも注目されている根本的理由はここにある。

「具体的思考」とはあまりにも日常的な言葉であり、これがシュミット理論を理解する重要な鍵概念のひとつだと言われても、大半のひとは具体的現実に即して考えているわけで、そんなことは特徴になるまいと思われるかもしれない。だが、「具体的」にせよ「現実」にせよ、実は多義的な言葉であり、自明ではない。これらの言葉を用いるひとの社会における位置に応じて、そこでイメージされる「具体的」や「現実」の内容は時に大きくちがっている。

そして「社会における位置」は、当人の属する社会階級や階層、職業や年齢、ジェンダーによってかなりの程度まで規定されており、そこに個人的経歴や物語の入り込む余地はないと言わないまでも、少ないというのが実情に近い。

その意味で、たかが「具体的」という言葉、と軽視してはならない。社会学者カール・マンハイム(一八九三—一九四七)は、「「具体的」という概念の意味変化のなかには、ある意味で十九世紀および二十世紀の全社会史が反映している」(『保守主義的思考』)という衝撃的な言葉を記している。「絶対主義」や「自由主義」、あるいは「ファシズム」といった誰もが認める学問的な鍵概念だけではなく、「具体的」のようなありふれた日常語のなかに、「十九世紀と二十世紀の社会史」のすべてが映し出されている。例えば、子ども、ピアノ、疲労など何でもいいが、それが日常的な言葉であっても、読み込み方次第で、そこから現実なり歴史の重要な断面がみえてくる、という社会史や精神史の方法が、ここでさりげなく語られている。本書もこの方法を念頭におきながら、具体的現実や具体的思考、つまり「具体的」という日常語を手がかりに、シュミットの政治思想の基本的性格をおさえておきたい。

「政治的なもの」と「具体的領域」

シュミットは議会や選挙のような制度面からよりも、むしろ具体的な現実から出発し政治の本質を考察する。政治というよりも政治の本質である「政治的なもの」に焦点をあてた『政治的なものの概念』はそのような意図のもとに執筆された。しかし、意外なことに同書のなかでシュミットは、「政治的なもの」について固有の「具体的領域」ではない、と言っている。「政治的なもの」は具体的領域でないというのは意外な記述だが、これまで本節で述べてきた、シュミットは具体的に思考しているという主張とも、相容《あいい》れないように思える。どう理解すべきなのか。

『政治的なものの概念』においてシュミットは、具体的現実を「具体的領域」として問題にしている。具体的領域にあたるドイツ語は「ザッハゲビート（Sachgebiet）」であり、既存の邦訳では「事実領域」とか「実質領域」と訳されたり、あるいはSachの部分を省略して、ただ単に「領域」とされたりしている。ここで「具体的」と訳したドイツ語の名詞の「ザッヘ」はウェーバーの『職業としての学問』でも鍵概念になっているが、日本語に訳しにくい言葉で、問題、課題、事物、もの、事柄、事実などと訳されたりしている。しかしいずれにせよ適訳とは言い難い面があり、なかには日本語に訳さず、「ザッヘ」という訳語をあてている場合もある。いずれにせよ「ザッハゲビート」は『政治的なものの概念』において鍵概念として用いられている。

シュミットによれば、「政治的なもの」は他の領域とちがった質的に独自な性格をもっている。「道徳的なもの」や「美的なもの」、そして「経済的なもの」は、それぞれ相対的に独立した人間生活の「具体的領域」であるのに対し、「政治的なもの」は何ら独自の「具体的領域」を表すものではない。これはきわめて重要な指摘である。政治、道徳、美、経済と並べられると、それぞれが特定の領域を表しており、互いに同じ資格で並列的に関係しあっているように考えがちだが、「道徳的なもの」「美的なもの」「経済的なもの」とちがって、「政治的なもの」だけが「具体的領域」をもたない、とシュミットは指摘している。その点で「政治的なもの」は「道徳的なもの」や「美的なもの」、「経済的なもの」などと並列的な関係にあるわけではない。

では、「政治的なもの」はその他の領域とどのような関係にあるのか。「政治的なもの」はそれに対応する「具体的領域」をもたないというのはどういうことなのか。シュミットの学問は具体的現実を重視する点に特徴があり、「政治的なもの」の説明に際しても「具体的領域」から出発する。しかしシュミットの理解によれば、「政治的なもの」の現れる領域は「具体的領域」であるにおいてではないので、「政治的なもの」を問題にする場合には、「具体的領域」である「経済的なもの」や「道徳的なもの」などの、非政治的領域から出発せざるをえない、という妙なことになる。

シュミットは「政治的なもの」を独自に理解することによって、この奇妙な事態を解決する。「政治的なもの」とは、「人間の連合または分離の強度」（強調はシュミット）を表す、というシュミットの規定はあまりにも抽象的な定義である。人間同士の、あるいは集団相互の「結びつき」の度合い、「分離」の度合いにのみ着目して「政治的なもの」を説明しているが、その際どういう理由で、どういう動機から結びついたり離れたりするのかは問題にされない。宗教的な理由による分離または結束であれ、経済的な理由による分離または結束であれ、シュミットの「政治的なもの」の定義には直接関係してこない。このように人間集団の結束や分離の純粋な強度といった、具体的内容を排除された、きわめて形式的な定義から、「政治的なもの」を具体的にメージするのは難しい。実際の結束や分離には必ず具体的内容がともなうからである。

　人間集団の結束／分離の度合いに着目して、一方の極に極端な連合なり結束があり、他方の極には極端な分離なり対立があるというが、人間集団の「結合」や「分離」の度合いを測定する客観的基準などはありえない。いかに客観的な、あるいは妥当な基準を目指そうとも、最終的には主観的な判断によるほかない。〈敵か味方か〉の政治的判断において言われる「敵」は、人間集団相互の関係が最も強く「分離」していると主観的に判断された場合に、はじめて生まれてくる。

3 政治的世界の発生と友・敵理論

シュミットの政治論はしばしば「友・敵理論」と呼ばれている。かれによれば、人間の思考や行動は、様々な「相対的に独立した領域」、とりわけ「道徳的なもの」の領域や「美的なもの」の領域、そして「経済的なもの」の領域や「政治的なもの」の領域などから成り立っており、それらの領域にはそれぞれ特有の「究極的区別」がある。「道徳的なもの」においては善と悪の、「経済的なもの」においては利と害、もしくは損と得の、「美的なもの」においては美と醜といった固有の区別がある。そして「政治的なもの」における「究極的区別」は敵か味方（友）かの区別であるというのが、シュミットの有名な「友・敵理論」であり、これが『政治的なものの概念』の第二の論点である。

そして友と敵に人間集団（これは事実上政治的集団であり、シュミットは政治的単位とも言っている。代表的例が国民である）が結束するようになると、「政治的なもの」が露呈してくる。関係しあう他の人間集団がおのれの集団的結束を危機に陥れる現実的可能性があると判断＝決定された場合、その人間集団は敵になる。ここに至り、分離または対立という「政治的なもの」の形式的な規定に、敵か味方かの対立という具体的内容が与えられる。だが本当に具体的対立なのかは問題である。そこで友・敵関係の最も基本的な単位である対立について少し検討してみよう。

人間社会のあらゆる面に対立はある。普段われわれは個人的にも集団的にも絶えず意見の対立、利害の対立、時には価値観の対立を経験している。シュミットはこの対立という現象に着目する。ただし対立であれば何でも関心を寄せるわけではない。個々の具体的争点の背後に相争っている社会的勢力をみる、という特徴をもつシュミットの政治学は、基本的単位として集団的対立を分析対象とする。敵味方の関係も個々人の関係ではなく、集団の間の、それも政治的に結集した集団相互の間の敵味方関係だった。そのような極端な対立である敵味方の関係の発生してくる過程、すなわち、「政治的なもの」が発生する過程について、シュミットはおおよそ次のように想定している。

「政治的なもの」の基本的単位は集団の対立である。当初、対立は社会生活の具体的領域（非政治的領域）のなかで具体的問題をめぐって生まれてくる。対立といっても些細《ささい》な対立にとどまり、深刻化しない場合もあるが、対立がますます高まり、深刻化していく場合もある。シュミットは対立のもつ潜在的な可能性に注目する。対立は客観的に存在しても、必ずしも当事者たちに対立と自覚されているとは限らない。みずからの利害と相反するような政策を正面から掲げている政党に投票するひとは多いし、対立関係に気づいていても、大半はとくにそれ以上の行動に出ることはなく、黙認して成り行きに任せているのが実情であり、その限りでそれ以上深刻化することは少ない。このような対立の最も初歩的な段階をここでは〈対立状態〉と呼ぶことにしよう。そしてさらに対立の度合いが高まった場合、客観的に対立が存在するというだけの状態から一歩踏み出し、対立者との関係でおのれの利害を実現しようとする。対立のこの段階を単なる対立状態と区別して、〈闘争状態〉と呼ぶことにしよう。事実として対立が存在している段階の対立状態と、対立状態を乗り越えて、おのれの利害を社会生活や国家間関係のなかで実現しようと踏み出していく闘争状態の段階とでは、対立の強度がちがっている。

いったん闘争状態に入り、闘争関係にある両者が妥協に至らず、あくまでも当初の利害の実現にこだわる場合には、闘争状態は議論や交渉、工作、調整を超えて、最終的には「生死を賭した対立」にまで高まっていく。対立には、その初歩的な対立である対立状態において、すでに闘争状態になる可能性が、そしてさらに闘争状態を超えて、遂に生死を賭した対立にまで高まっていく可能性（潜勢力）がある。対立が存在する以上、対立状態や闘争状態を克服して解決が求められるが、闘争状態の先に「生死が賭けられた」状態、つまり戦争状態が予想されると、それが「政治的なもの」の露出した状況なのである。戦争状態は最も典型的な「例外状況」である。対立のこの段階において対峙《たいじ》する集団は互いに敵であるか否かの判断＝決断が要求される。

対立もその初歩的形態は宗教的・道徳的・経済的・美的、などの領域における具体的対立から始まるが、対立が激化して、最終的に「人間を友・敵の両陣営に分けてしまうほど強力である場合」には、その具体的対立は質的に変化し、具体的対立を超えてすでに「政治的対立」に転化しているのである。現に政治的な対立状況にあるとの主権者の決定（判断）によって、対立する集団もまた「敵」になる。その決定は最終的には状況の客観的分析を超えた主観的判断による。こうして究極的には客観的根拠も思想的根拠ももたない主観的な決定をなしうることが、政治的能力としてとくに強調されている。

「敵」の規定

ただしシュミットの説明には疑念をもたれかねない微妙な箇所がある。「敵とは、他者・異質者にほかならず、その本質は、とくに強い意味で、存在的に、他者・異質者であるというだけで足りる」という、敵を規定したかれの文章には、存在しているだけで、存在そのものとして「他者・異質者」というものがあり、それが「敵」なのだと読めないことはなく、例えば、ユダヤ人はそうした意味での敵なのだという意味にとることも可能である。ここで「存在的に」と訳されているドイツ語は Sein（「存在」）ではなく Existenz（「実存」＝「存在〕という言葉の形容詞であり、単に存在するものではなく自己との関係をもっている存在を意味し、関係概念を含んでいると考えられる。それゆえシュミットの「敵」規定は本質論ではなく、状況論的であり、やはり右に述べたような「具体的領域」における敵対関係が増大して「生死を賭した対立」にまで高まった段階において、「敵」は「他者・異質者」になってしまっていることを述べている、と解釈できるのではないだろうか。こうした意味でシュミットの言う意味での「敵」は実存的な敵だと解釈されている。

ただし付言するなら、この判断はあくまで『政治的なものの概念』の文脈に即したものであり、シュミットがとった実際の政治的立場とはまた別の話である。シュミット自身は後のナチス体制のもとで桂冠《けいかん》学者の地位をえたとき、露骨なユダヤ人排除を主張することになっただけでなく、実は生涯にわたって反ユダヤ的思想をもっていたことが、死後に出版された『グロッサリウム（注釈集）』などからも明らかになっており、その点を考慮するなら、シュミットの言う「存在として異質者」の例としてユダヤ人が考えられていたとする解釈にも説得力がある。

このようにシュミットの政治学においては、具体的対立が政治的対立に転化する過程がとくに重視されることになる。かれの政治学が「危機の政治理論」と呼ばれる所以《ゆえん》はここにある。だが政治の実態は必ずしもつねに深刻な対立に転化するわけではない。

社会における具体的な対立が「政治的なもの」の発生する出発点にあたり、その対立は潜在的に生命を賭した対立に高まる可能性をもっているわけだが、対立がつねにそこまで高まってしまうのでは、危険な紛争が絶えず、社会は不安定にならざるをえない。そこで考え出されたのが紛争を解決するための制度的ルートであり、その最も代表的な制度が議会なのである。利害対立の実質的な場は議会の外の社会的現実であり、議会は社会における具体的対立を形式的に合理化し、解決しようとする制度として生まれてきた。

先にも触れたように、対立の解決に際して、制度的現実に依拠して解決を目指す立場と、具体的現実に依拠して解決を目指す立場とがある。具体的現実のなかに特定の問題が生じたとき、その種の問題が今後繰り返し生じてくる場合に備えて、問題に有効に対処するための決まったルート（制度）がつくられる。制度化される以前の具体的現実は絶えず変動し安定性を欠くのに対し、制度、あるいは制度的現実の方はかなり固定化され安定しており、問題を解決するルートが制度的に確定されている。一般に、不断に流動化している現実よりも固定化された現実の方が合理的にとらえやすい。

このように制度的現実と具体的現実の区別をふまえて言えば、シュミットはナチ時代の最初の数年間を別にして、制度化される以前の、より生々しい具体的現実のあり方を重視する志向性をもっていた思想家である。もちろん志向性がそうだったということで、ナチ期以外でもかれの著作のすべてにその志向性が貫かれているわけではないが、著作の多くにこうした志向性が表れているということを、かれの学問の基本的動機として最初に確認しておくことにしよう。

4　近代と諸領域の自律化

諸領域の相互関係論

「政治的なもの」の概念を以上のように理解した上で、次に問題となるのは、「政治的なもの」の現代的形態をシュミットがどう理解していたか、である。

シュミットは諸領域の相互関係論を手がかりにして現代政治の本質的特徴を論じている。われわれの生活の諸領域であると同時に学問の研究対象にもなっている、政治や経済、宗教、道徳などの諸領域が自律化していく過程とその相互関係に着目しつつ、時代や歴史の特徴をみていく考え方である。近代の形成過程を理論的に叙述するとき、〈諸領域の自律化〉論に依拠する思想家は少なくない。

シュミットにとっても、近代の形成過程は政治や経済、芸術などの諸領域が自律化していく過程だった。その際かれは政治領域とその他の領域を比較することによって、政治領域の独自性を明らかにしている。しかしシュミットの現代政治論に触れるに先立ち、もう少し諸領域の自律化論一般について触れておこう。

諸領域の自律化論は次のような認識を共有している。(1)われわれの世界像は近代になって様々な領域に分化し、各領域が独立していく。(2)それらの諸領域は自律的な世界をもち、その世界を成り立たせる固有の法則性をもっている。経済には経済の、政治には政治の固有な法則性があり、それを研究する学問が生まれる。(3)したがって諸領域がそれぞれ自律化し純粋化すればするほど、諸領域の間に対立は深まり、緊張関係は高まる。(4)しかしそれはいわば理論的仮構であり、常態においてみるなら、諸領域の自律化は絶対的ではなく、多かれ少なかれ相対的な自律化である。

以上の認識に立ったうえで、具体的に諸領域をどのように描き出し整理するか、対立する諸領域の相互関係をどうみるかについては、思想家の間で見方や方法論がちがっている。

マルクスは経済に注目し、経済的下部構造が法・政治や文化的上部構造を根本的に規定していることを明らかにした。その歴史観は史的唯物論と呼ばれている。ウェーバーは宗教とそこから自立(自律)しようとする諸領域の緊張関係に注目した。とくに宗教倫理と経済倫理の関係について、世界宗教を視野に入れて比較宗教社会学を体系的に叙述した。かれは、マルクスの主張を公式化することに警告を発し、「上部構造」の側からの「下部構造」への反作用も視野に入れて「唯物史観」を相対化しているが、歴史的現実を分析する際のマルクスの方法の重要性自体は認めている（『宗教社会学論選』）。

これらの考えとの対比で言えば、シュミットは政治という一種の下部構造に注目し、諸領域の相互関係において政治がどのようにみられていたかを問題にした。転換期としてかれがとくに重視したのが、宗教・神学から諸領域が、とりわけ政治領域が解放された時期、すなわち、ホッブズやジャン・ボダン（一五三〇—一五九六）の時代である。この時代はアナーキーな宗教的内乱の時代でもあり、生命の安全、宗教信仰、秩序の樹立が優先的課題だった時代でもある。その課題に応えられるのは主権国家しかありえない、というのがホッブズの同時代的経験だった。近代国家が確立して以降は、生命の危機や社会のアナーキー化を生み出すもととなる「政治的なもの」をできるだけ排除、もしくは最小化することが、実践的にも認識論的にも主要な課題とされた。

その課題を担ったのが市民階級であり、かれらのイデオロギーである自由主義やロマン主義は、いずれも「政治的なもの」を排除しようとする脱政治的な思想である、とシュミットはとらえていた。

「中心領域」の変遷と技術の時代

一九二九年の論文「中立化と脱政治化の時代」においてシュミットは、「政治的なもの」を排除ないし隠蔽しようとする試みを「中立領域」の追求と呼んでいる。かれにとって「政治的なもの」を徹底して排除することは元来不可能であり、そうした試みは所詮成功しない。政治において中立はありえないのである。「政治的なもの」に代わって市民階級は、十八世紀には人間や道徳を、十九世紀には経済をもちだし、「人間・道徳」と「経済」を「中立的領域」として「中心領域」に格上げをした。同論文においてシュミットは「中立化」「中立領域」「中心領域」などをキーワードとして、「中心領域」の変遷論を展開している。まずそのアウトラインを紹介しておこう。

シュミットはヨーロッパの教養人の精神史を「中心領域」の変遷として描き、十六世紀は「神学」の世紀、十七世紀は「形而上学」の、十八世紀は「人間・道徳」の、そして十九世紀を「経済」の世紀、ととらえた。まず、特定の領域が中心領域になるのは「中立領域」として承認されたからである。確実で明証的な領域であり、それゆえそこにおいてならば、相互理解や和解も可能であり、普遍的な平和も実現できると期待された領域が「中立領域」とされた。次に、「中心領域」とは意味の中心領域でもあった。十八世紀の場合、「進歩」という言葉に意味を与えるのは中心領域としての「人間・道徳」の領域であり、進歩とはすぐれて人間的・道徳的完成を意味した。そして中心領域の第三の意味は、諸領域の相互関係における「中心領域」の優位という点にあった。十九世紀の場合、経済が中心領域なので、それ以外の領域の問題は経済領域から解かれるべき「副次的問題」であるとされた。経済はそれ自身の外部をもたない内在性の世界であり、「中心領域」は超越性を失ったのである。

それではは中心領域はなぜ、どのようにして変化していくのか。シュミットはヨーロッパ精神史を貫く「中立領域の追求」、言い換えれば、非政治的領域の追求という教養人（知的エリート）の根本動機によってその変遷を次のように説明する。当初、相互の和解が可能だと期待された中心領域も、長期的には安定的に自足することはない。やがてそこにも「新たな利害対立」が発生し、中心領域も中立領域としては衰退し、相互の了解と和解の場として機能しえなくなる。中立領域でもあった中心領域はいまや利害対立の「戦場」へと変貌する。以前の中心領域は中立領域としての資格を失って「捨象」され、別のところに中立的な領域が求められ、やがて新たに「中立的」とみなされた別の「中心領域」が生まれてくる。しかしその新しい中心領域もやがて利害や理念の争う場となり、再び和解と了解の場として新たな中立領域が求められ、見出された中立領域が中心領域になっていく。このように中立領域の追求という動機に基づいて中心領域は成立し、「神学」から「形而上学」、普遍的「道徳」、そして「経済」へと、歴史的に変遷していく。そして二十世紀に入ったいま、「技術」が

「中心領域」になりつつある。

このような中心領域の変遷史に関してシュミットは二つの論点を指摘する。第一に、中心領域を移すと、そこに絶えず「新たな戦場」がつくりだされるという、この種の発展に固有の「弁証法」である。相互の和解が可能な「中立領域」を求めて、もはや中立領域として機能しなくなった従来の中心領域に代わって、やがて新たな中立領域が見出され、その領域が中心領域へと、いわば格上げされるという発展過程においては、従来中立領域であった中心領域が、争いの場と化すことによって中立領域でなくなり、中心領域としては排除されると、中立領域でないという理由で排除されたその同じ領域が中立化される、という弁証法的展開がみられることを、シュミットは指摘している。

中立的でなくなったので中心領域から排除されると中立的になるとはどういうことなのか。実は後者の「中立的」と前者の「中立的」とでは、言葉は同じ「中立的」であっても、意味が異なっている。とくに問題となるのは後者の意味である。その具体的例として、十八世紀の「人間・道徳」の時代において過去の「神学」の時代と未来の十九世紀をみる場合を想定してみよう。十八世紀の啓蒙主義的な神学は「理神論」と呼ばれる。それ以前に神は現世的秩序の外部にいる絶対的な他者であったが、十八世紀以降神は現世内に移されるだけでなく、十九世紀にもなると現実生活の対立抗争に干渉しない「中立的存在」とされ、神としては無力化される。ここで無力化されるというのは、神や信仰の問題が「興味深い私事」となって新たな中心領域を規定する力をもたなくなることであり、新しい「中心領域」からみれば、神学の領域は「中立化」されたことになる。

「中立領域」の変遷の結果明らかになる第二の論点は、二十世紀において「技術」のうちに「究極絶対の中立的基盤」を見出したという「技術信仰」が一般化したことである。「技術」が究極の「中立領域」であり、変わることない「中心領域」であるという主張には説得力がある。技術の利点は誰にでも明らかで、しかもそれは万人に奉仕する。そして神学や形而上学、道徳においてはもちろん、経済においてさえ対立する議論の解決は容易でなく、永遠に議論が尽きなかったのに対し、技術の領域の問題においては一義的に明快な解決が可能であるように思える。

「技術」こそが中立的な領域として普遍的な和解の基盤であるとすれば、その他の領域の問題も技術の領域に移しかえれば妥当な解決をみる。宗教的、民族的、社会的対立も技術の領域に移しかえれば、血なまぐさい紛争や戦争も回避され、有和《ゆうわ》と平和がもたらされるのではないか、という希望も生まれる。政治領域もまた技術化され、技術領域から意味を獲得する。二十世紀はあらゆる領域が技術の支配に服し、技術化される時代である。

技術の時代における政治と文化

経済に代わって技術が「中心領域」になりつつある二十世紀において新しい問題も生まれてくる。シュミットによれば、技術の時代に「中立化の過程」が行きつくところまで到達し、「精神的中立性」は遂に「精神的無」に立ちいたった。歴史的には、まず宗教と神学が、続いて形而上学と国家が「中心領域」としては捨象され、いまや技術の時代にいたって文化一般が捨象される。二十世紀になったいま、「政治的なもの」が抹消されるだけでなく、およそ文化全般が捨象される「精神的無」の時代が到来する。「中立領域」を追求してきた結果到達したのが、「精神的無」、「文化的死」の状態であるというのはゆゆしき事態である。

とはいうものの、技術の時代においても現に精神活動も文化活動も行われているではないか、と疑問をもつひともいるかもしれない。しかしシュミットによれば、それらの活動はいずれも中心領域におけるものではなく、公共的関心を呼びおこすことのない興味の対象であり、そこでの文化的活動はもはや真剣に考え取り組むことのない私的な活動にすぎなかった。「中立性の追求」が次々に神学や形而上学、国家、道徳などの内容を「捨象」し、その行きつく先において、どのような領域であれ「内容」そのものを「捨象」するような形式化の極に達すると、そこに残るのは「究極的な中立基盤」としての技術だけであった。「捨象」するとは「中心領域」から排除され、実はどうでもいい「無のもの」になるということにほかならない。

こうした状況の到来に不安感をもっていたのが、シュミットより年長の、ウェーバーやエルンスト・トレルチ（一八六五―一九二三）、ヴァルター・ラーテナウ（一八六七―一九二二）といった、一八六〇年代生まれの思想家世代だった。シュミットが念頭においているウェーバーの文化論は、例えば『プロテスタンティズムの倫理と資本主義の精神』の末尾の有名な箇所であろう。ウェーバーは資本主義的な文化の発展の終わりに現れる「最後の人たち」を「精神のない専門人、心情のない享楽人」と名づけ、かれらを「無のもの」とさえ呼んでいる。しかし「精神的な無」や「文化的死」に不安や恐怖を感じるウェーバーらの世代に一定の理解は示してはいるものの、シュミットはかれらの時代の診断から距離をとっている。かれらの文化批判は、時代から傷を負っていない「冷静な認識」に由来しているだけでなく、「技術的なもの」に「無精神」あるいは「精神喪失」しかみない、上からの高踏的な見方に思えたためであろう。

シュミットによれば、「技術的なもの（Technizität）」はウェーバー世代の考えるような「精神的な無」なのではなく、ひとつの「精神」である。それは「自然に対し人間が無限の支配力をもっていることへの信仰」であり、人間的自然を含めた自然は人間にとっての限界を意味するのではなく、そうした自然の制約を無限に後退させることが可能であるという信仰、言い換えれば、自然に制約された現実の人間存在が技術によって絶えず変革され、人びとに「幸福」をもたらすことへの信仰でもある。こうした信念は、対立する側からは幻想的にみえようとも、やはりひとつの「精神」であることに変わりはない。二十世紀的現代とは人間的な自然を含めた自然一般を、技術によって限りなく支配しようとする「技術的精神(Technizität)」の時代である、とされる。「精神の闘争相手は無精神ではない。精神は精神と、生は生と闘うのである」。

ここでシュミットは「精神」という言葉を二つの意味で用いており、この点でも先行世代との差別化をはかっている。その一つが、「技術」の時代に失われるという「精神」であり、それは技術時代以前の十九世紀においてはどうにか命脈を保っていた。もう一つの意味での「精神」は技術の時代にも依然として認められるという精神であり、「技術の精神もまた精神であることに変わりはない」と言われる場合の「精神」がそれであろう。シュミットにとって、「技術の精神」とは歴史的内容を排除した自然の支配という形式的な精神である。もう一方の意味での「精神」の側から見れば「幻想」であり、時には「悪魔的」にみえるかもしれないが、それは決して「精神」を喪失した事態ではなかった。

具体的場において言えば、「精神と精神の闘い」は生活態度のレベルにおける闘いであり、抽象的に言えば、思想と思想の争いだった。この論点についてシュミットは、具体的な議論なり説得力ある議論を展開しているわけではない。過去の偉大な革命や宗教改革は禁欲や貧困から生まれているとして、原始キリスト教やベネディクト、クリュニー、フランシスコ各派の修道院運動やピューリタン革命などを名指ししているだけでなく、単純な原則や原理、あるいは「無垢《むく》の自然」への復帰をともなう真の再生運動をも挙げている。そうした偉大な運動にしても、現状のもたらす幸福に甘んじる現状維持派からみれば、「文化的乃至《ないし》社会的無」のように思われるのであると述べ、シュミットはウェーバー世代の技術に対する不安感とは一線を画している。

とはいえ、技術領域で決断は必要でないという意味で、技術は政治の外部の領域なのであり、技術の時代になると、なるほど政治が技術化される頻度は高まるだろうが、いかに政治が技術化されようと「政治的なもの」までが失われてしまうわけではない。シュミットは技術こそが究極の「中立領域」であるという「技術信仰」に異を唱え、「技術」＝中心領域もまた中立領域であり続けることはない、と指摘する。あらゆる政治勢力が技術を利用できる以上、どの政治勢力が技術を利用する力をもつかが時代を決定する意味をもつ。技術の時代の次に政治の時代がやってくるのではなく、技術の時代は同時に政治の時代なのである。いくら技術の発展が高度化しても、政治そのものを抹消することはできない。

技術、あるいは「技術的なもの」は、シュミットの政治思想において膀役として、時には

「政治的なもの」の敵役《かたきやく》として登場するが、一貫して無視しえない重要な要因として取り上げられており、後期シュミットにおいていっそう重要になっていく。

5　政治の世界の特質――自然状態、決定、真剣さ

本章の最後に、これまでの叙述をシュミットの「政治の世界」という観点から総括しておきたい。シュミットの「政治の世界」はとくに下部構造としての政治、「決定（決断）」という契機、真剣さの三つの特徴をもった領域として構成されている。

下部構造としての政治

すでに触れたようにシュミットの場合、政治や経済、道徳、美学などの領域のなかで、政治領域を別にすれば、いずれも社会生活の具体的な領域として並列的関係、もしくは等価的関係にあるのに対し、政治領域はそれらの領域とは質的に異なる独自の領域だった。例えば、経済領域の対立が危険なまでに高まったときに、その対立はもはや経済的対立ではなくなり、そこに開けてくる対立の新しい次元、それが政治的対立なのである。

対立の初歩的な形態は非政治的な領域にあり、それが質的に変化してはじめて政治的対立が生まれるのだから、政治よりも経済などの具体的領域の方がより基本的、あるいは根源的な領域だとも考えられるが、シュミットにとっては、政治的領域の方がそれらの領域より根底的で優先的である。政治的秩序が存在し安定していればこそ、経済活動の領域も円滑に作動するし、道徳なり規範でさえ政治的秩序の安定をまってはじめて有効性が保証される。政治的秩序が確立していないと、社会的な諸活動は保証されない。経済領域が下部構造として政治を含む上部構造を規定しているという見方にしても、経済活動が政治的秩序の設定を前提として成り立つことを忘れている。

このように見てくると、シュミットの理論はホッブズの理論に親近性があることがわかる。実際ホッブズは、法学者のジャン・ボダンや十九世紀スペインの政治家にして思想家のドノソ・コルテス（一八〇九―一八五三）と並んで、シュミットがとくに共感を寄せた政治思想家の一人だった。シュミットの政治論において、「政治的なもの」は他の諸領域と並列される「相対的に自立した領域」の一つにすぎないのではなく、それらの領域の存立を保証する根本的領域であることを、シュミットとも親交のあった哲学者レオ・シュトラウス（一八九九―一九七三）が強調している（『ホッブズの政治学』所収の補論）。シュトラウスはシュミットとホッブズの親近性を意識して、シュミットの言う「政治的なもの」は「あらゆる文化

（諸領域）の基底にある「自然状態」のことである」と言っている。シュミットとホッブズでは、「自然状態」の理解に異なる面はあるにせよ、経済や道徳、法や芸術、学問など、人間の文化的営みの根底に、政治的秩序が設定される以前の「自然状態」を読み取り、政治的な権力が「自然状態」を克服したことが文化的営みの成り立つ基本的前提条件になっていることを指摘している点で、いわば〈下部構造としての政治〉という共通の理解をもっていた。

政治の基礎に決定（決断）がある

もう一つの基本的論点は、政治において「決定（決断）」という契機が不可欠であり、また重要であるという洞察である。経済などの具体的領域において存在する具体的対立が高じて決定的な対立に近づいたとき、一体いつの時点で現に「生死を賭した対立」にまで高まっているのか、そこに新たに政治的対立が発生しているのか否かを決定（＝判断）する主体（主権者）の存在が想定されている。対立状態の判断においてとくに重要なのは、対立の新しい次元である政治的対立が発生しているか否かの判断（＝決定）であり、誰またはどの政治集団が敵で、誰またはどの政治集団が味方なのかの判断、つまり、現にいま緊迫した状態にあるか否かの判断である。その最終的な判断は道徳にも経済にも宗教にも支えられていない、いわば〈実存的〉な決定である。その決定こそが政治的秩序を保証する。このような考えは、対立する双方を媒介すること、討論、調停にこそ政治の本質があるという、同時代のマンハイムの政治論（『イデオロギーとユートピア』一九二九）とも、著しい対照をなしている。

シュミットは『政治神学』その他の著作の随所で、「決定する」ということの「自立的意義」について触れており、とくに「決定」が規範とは独立に意味をもっていることを強調している。ハンス・ケルゼン（一八八一―一九七三）のような規範主義に立つひとはとかく、決定は規範に基づかねばならない、と考えるが、シュミットにとって、決定は規範とは無関係に独自の意義をもっている。言い換えれば、決定は誰によってなされるか、あるいは何のためになされるかに関わりなく、決定されることとそれ自体が重要である。法が存在し、有効に機能している場合も、法規範のおかげなのではなく、主権者の決定が法を支えている。

しばしばナチ期にいたるシュミットの思想的歩みは、帝政期の「規範主義」からワイマール期の「決断主義」を経て、ナチ期における「具体的秩序の思想」への転換として説明されている。政治的秩序を保証しているのは、道徳的規範でも法でも経済的なものでもなく、主権者の決定なのであるという決断主義的認識は、とりわけワイマール期の著作で強調されており、なかでも『政治的なものの概念』や『政治神学』はその代表的な文献である。

しかし後にシュミットがナチス体制に加担し、「決断主義」に代わって「具体的秩序」の意義を重視するようになると、次第にかれの政治思想にも変化が生まれてくる（後期シュミット）。

真剣な世界

「諸領域の相互関係」論に依拠した一種の歴史哲学的考察「中立化の時代と脱政治化の時代」において、シュミットは、中立化し「脱政治化」した現代の幸福主義を否定し、「政治の世界」を対置した。かれの言う「政治の世界」は必ずしも「良き秩序」「良き世界」である必要はないし、それを目指すべきだというわけでもない。シュミットが安楽な幸福主義を否定し、それに対置した「政治の世界」とは、真剣な世界であり、ひとが娯楽に興じることなく真剣に生きることを保証するものだった。シュミットのこうした側面を明らかにしたのがレオ・シュトラウスである（『ホッブズの政治学』補論）。ウェーバーの「宗教社会学」において主題とされた経済の世界と宗教倫理の対立緊張関係に対応するものは、シュミットの「政治の世界」の場合は政治的緊張関係であり、おのれの属する集団が政治的に結束し、他の集団と敵味方関係になる可能性に発する緊張感であり、それが「真剣さ」の根底にあった。

シュミットは「政治のない世界」を描くことによって「政治の世界」の特徴を逆照射する。「政治のない世界」とは友と敵を区別することのない世界である。言い換えれば、「それを根拠として、人びとが生命を捧げるよう要求され、血を流し、他の人たちを殺戮《さつりく》せよと強制されうるような対立が存在しない」世界でもある。それは素晴らしい世の中だと感じるひともいるだろうが、シュミットにとって、それは個人主義的世界の極致であると同時に、「真剣さ」を要求されることのない世界だった。「政治のない世界」のキーワードが「興味」あるいは「興味深い」であるとすれば、「政治の世界」のキーワードは「真剣さ」だった。そうして真剣さを担保するのは生命が賭けられているということ、時に生命の犠牲を要求されることがあるという事実に由来する緊張関係だった。

〈真面目な態度〉にもいくつかの類型がある。第一に、集中性、熱意、真剣さなど、精神の抽象的な強度を特徴とする真面目さ、第二に、規則や秩序を尊重し、問題をおこさないという意味での秩序人の真面目さ、そして第三に、時間経過とともに蓄積されるものの尊重、経験への志向性という意味での真面目さ、第四に原理への忠誠という意味での真面目さ、などを想定した場合、シュミットの真面目さは明らかに第一のタイプに属する。シュミットの価値観はそういうところにあったのである。

第2章　近代的市民の批判
――『現代議会主義の精神史的地位』『政治的ロマン主義』

シュミットが国法学者、あるいは政治学者として同時代のワイマール共和国をどのようにとらえていたのかを、本章では政治思想の面から、そして次章では共和国の制度と実態に即して明らかにしたい。法の基礎に政治的関係をみるというシュミットの基本的発想からして、そうするのが自然であろう。ただし政治思想の面からワイマール共和国を理解するといっても、当時の政治勢力が具体的にどのような思想や政策を主張していたのかを問題にするというより、関心は、実際に影響をもっていた政治思想を理論的、原理的に検討し、その相互関係や、それらが現代の問題に理論上対応できるものなのか否かに向けられている。したがってかれの考察は実態分析より、理論的で政治思想史的な分析に重点をおいている。

マックス・ウェーバーの帝政期における政治的論文のメインテーマの一つは、ドイツ市民階級、ブルジョアジーの政治性の欠如、その権力本能の弱さの批判にあった。ブルジョアジーが経済的にはすでに支配階級でありながら、政治的には依然として貴族階級の支配に甘んじていることが、ドイツの経済的発展のみならず、国際社会におけるドイツの地位を確立する上でも阻害要因になっていることを、ウェーバーは繰り返し説いた（『政治論集』）。シュミットのワイマール共和国における政治的著作や論文も、ドイツのブルジョアジーの非政治的性格を批判する点ではウェーバーと重なる議論を展開している。ウェーバーはブルジョアジーの権力本能の欠如を批判したが、シュミットはブルジョアジーの決断能力の欠如を批判した。シュミットはブルジョアジーの思想として「自由主義」と「ロマン主義」を取り上げ、「自由主義」は「経済」と「倫理」の領域に依拠しながら「政治的なもの」の領域を捨象しており、「ロマン主義」は「美的なもの」の領域に依拠して「政治的なもの」の領域を捨象している、と批判している。

本章ではまずシュミットの「自由主義」批判を、次いで「ロマン主義」批判を詳しくみていくことにしたい。関連する主たる著作は『現代議会主義の精神史的地位』（一九二三）と『政治的ロマン主義』（一九一九、大幅に改訂した第二版は一九二五）である。これらの著作は個々の思想家の思想分析を行ってもいるが、全体として理論的性格の強い研究書である。

1　ワイマール共和国の政治状況

自由主義者のいない自由民主主義体制

いくら理論的、政治思想史的考察であるといっても、やはりシュミットはワイマール共和国期の政治的実態を念頭においているので、まず政党状況について概観しておきたい。当時のドイツにおける政党は、カトリックの中央党、保守派のドイツ国家人民党、社会主義政党のドイツ社会民主党とドイツ共産党、多少とも自由主義的なドイツ民主党とドイツ人民党、そして急進的国家主義のナチ党（国民社会主義ドイツ労働者党）の五つの系列に分類できる。各党の獲得議席数の推移をみると、一九二〇年代には中央党と社会民主党が比較的安定した議席数を確保して実質的に共和国を支え、国家人民党も一九二八年までは比較的議席数は安定している。自由主義的な二政党は長期低落傾向にあり、ナチ党はマイナーな群小政党のひとつにすぎなかった。

情勢が一変するのは、世界経済恐慌の影響をもろに受け、ナチ党が一挙に第二党の地位に躍り出た一九三〇年九月の国政選挙においてのことであった。以後一九三三年一月末にヒトラー政権が成立するまでの二年数ヵ月の間に、ナチ党は議席数において第一党を占めるにいたり、左翼の急進主義政党だった共産党も一〇〇議席に達し、左右の急進主義が著しく台頭した。それに対し、共和国の初期には一〇パーセントを超える票をえていた自由主義的な諸政党は大幅に支持を失い、民主党にいたっては壊滅的な危機を迎えた。伝統的保守派の国家人民党もかなり議席を減らした。

中央党や社会民主党、共産党は本格的な組織政党だったし、その思想的基盤をなすカトリシズムやマルクス主義は人間をトータルにとらえるイデオロギーとして、ある程度安定的な支持基盤を確保することができた。しかし、多少とも寛容の原則に立つ自由主義的政党は政治的対立の激化した危機の時代には、急進主義勢力の攻撃にさらされ、なすすべもなく衰退していった。失業者や没落の不安に駆られた中産的諸階層のような、強力な組織の庇護《ひご》をもたない集団が、断固たる主張と行動力をもつ急進派の主張に耳を傾け、従来の支持政党から急速に離反していったのが一九三〇年以降の最初の三年間であった。

ワイマール共和国の政治体制は基本的に自由民主主義的な体制だったが、政党政治的のみならず、政治思想的観点からみても、四面楚歌の状態にあった。共産党やナチ党は公然たる反自由主義的な政党だったし、中央党はカトリック政党だった。ワイマール期最後の二回の国政選挙を除き、一貫して最大の票を獲得した社会民主党にしても、共産党と比べれば自由主義に寛容だったが、基本的にはマルクス主義の政党であった。自由主義の支持基盤と言えば、人民党と民主党が期待されるだけで、厳密に自由主義政党と言っていいのは民主党だけ、というのが実態に近かった。

それでも共和国が存続していたのは、安定的支持をえていた中央党と社会民主党が、国際政治や国内の政治状況を考慮し、基本的には自由民主主義的なワイマール体制を受け入れていたためであった。ワイマール共和国は「共和主義者」のいない共和国と言われているが、同じような意味で自由主義者のいない自由民主主義体制でもあった。

自由主義批判のオンパレード

ワイマール共和国において自由主義的政治勢力は当初一定の存在感を示していたものの、その後はほぼ一貫して長期低落傾向にあり、共和国末期の経済恐慌期には政党として存亡の危機に陥っていった。政治思想としての自由主義も同じ運命をたどり、積極的な自由主義の支持者は少なく弱体であった。その一方で、思想世界において様々な系列の自由主義批判が乱立していたのは、ワイマール共和国が自由主義的な体制であり、議会主義が自由主義の核心をなす政治思想とみなされていたからである。いくつか批判の例を紹介しよう。

史上空前のインフレーションが終息する直前の一九二三年十一月、ナチ党党首アドルフ・ヒトラー（一八八九―一九四五）はクーデター未遂事件、いわゆるミュンヘン一揆により逮捕された。保守的なバイエルンの政治的風土のなかで獄中でも恵まれた状態におかれたヒトラーはルドルフ・ヘスに口述筆記させ、自伝的プロパガンダの書『わが闘争』(第一巻は一九二五)を発表した。ヒトラーのドイツでの政治活動はワイマール共和国において開始されるが、かれの政治的覚醒はそれ以前、オーストリアのウィーンでの経験に由来する。

ヒトラーの叙述によれば、当初かれは議会を「憎悪」してはいたものの、議会を通した政治以外の形態があるとは思えず、議会制度それ自体を否定しようなどとは考えてもみなかった。新聞などでイギリス議会に対する讃美の念を植えつけられていたこともあった。だがみずからオーストリア議会の実態を何度も目の当たりにするに及んで、次第に議会主義そのものに疑念を抱くようになっていった。

傍聴席の眼下に展開されている議会の「あわれむべき光景」を見るや否や、ヒトラーは憤慨した。議会での演説や議案の知的水準の低さに唖然としただけでなく、無内容で大げさな身振り、あるいはまた議員自身やる気がなく退屈しきっており、あくびをしている様を目にして、「笑わずにはいられなかった」。議員たちは、無責任であるどころか、そもそも責任をとるだけの能力が欠けているように思われた。こうした光景を何度も見させられ、やがて議会そのものを認められなくなっていった、と回想している。このようなウィーンでの経験はワイマール期のヒトラーにも生き続けた。

ヴァルター・ベンヤミン（一八九二―一九四〇）は論文「暴力批判論」（一九二一）において議会を「みじめな見世物」と批判している。ヒトラーの議会観が実際の見聞による印象論的慨嘆を基調とするのに対し、ベンヤミンの議会観は暴力と法の関係をめぐる理論的考察に立脚している。かれによれば、「ある法的制度のなかに暴力が潜在している」という認識が失われると、その制度は没落していく。現在では議会制度がその一例である。議会は暴力を用いずに問題を解決する制度であると言われているが、その起源をたどっていけば、もともと革命的暴力によって成立した。成立当初は始源の暴力に対する感受性がまだ生き生きと保持されていたが、やがて制度が日常化すると、その起源において脈打っていた「革命的暴力への感覚」も失われていく。議会を生み出した力そのものが暴力であるし、その結果制度化された議会が発布する法もまた法に服さない人民に暴力を行使できるという意味で、議会のような法的制度は二重の暴力行使に立脚している。議会において暴力の危険性は形式的に合理化されているにすぎない。ベンヤミンにとって、現代の議会は、「そこに代表されている法措定の暴力についての感覚」を失って没落し、「みじめな見世物」に成り下がっていた。

このほか、メラー・ファン・デン・ブルック（一八七六―一九二五）やオスヴァルト・シュペングラー（一八八〇―一九三六）の名前と結びつく、保守革命派と総称される思想潮流においても、議会主義は激しい批判にさらされていた。例えば、エルンスト・ユンガーを中心とする「国民革命」を主張する諸雑誌や、ハンス・ツェーラーを主筆とする雑誌『タート(行動)』などにおいて、議会主義は自由主義の政治思想として激しく批判されたが、それらの議論に大きな影響を与えていたのが、『現代議会主義の精神史的地位』(以下『議会主義論』と略記)をはじめとするシュミットの著作だった。『議会主義論』はいまだ自由民主主義的政党がある程度の力をもっていた一九二三年に出版されたので、当時シュミットはワイマール共和国の行く末を知らなかったわけだが、すでに自由主義の没落を明快に予見している。かれの理論から多くの影響を受けたツェーラーにとって、議会主義は自由主義思想の政治的側面だった。国民は自由主義的政党を始めとする既存の政党から離反し、急進主義政党であるナチ党や共産党に向かったが、やがてこうした急進主義勢力からも離反し、「無名の運動」へと流動化していった。ツェーラーはもはや政党や議会が国民の意思を反映していない実態を批判的に分析した。

2 自由主義の政治思想と議会主義

自由主義の社会的前提

ワイマール時代にとりわけ鋭い自由主義批判を展開したのがシュミットだった。一般的に言えば、ブルジョアジー、つまり市民階級は、その社会的上昇期にあっては、政治的、軍事的権力を掌握していた貴族階級に対して、さしあたり生産活動にひたすら従事するなかで獲得された利潤を、生産活動に投資しつつ富を蓄積し、やがて貴族に対抗し貴族を上回る経済力を手にするにいたり、遂には貴族の政治的支配を打破し、文字通りの支配階級に到達する。その過程で、市民階級の経済活動を合理的に組織し、方向づけるだけの実践的力をもった「倫理」（エートス）が重要な役割を果たしたことは、ウェーバーの研究以来広く知られている。資本主義的発展に適合的なその「倫理」は、宮廷社会における貴族や、居酒屋における下層民の非生産的な消費に対し、生産活動に「真面目に」従事することを推奨し正当化する倫理でもあった。

貴族に対抗しながら社会的に上昇する過程を経て、最終的に市民階級が貴族から政治権力を奪取する時期が到来する。シュミットも言うように、その時点で市民階級が「国民」の名において「憲法制定権力」（詳しくは第3章）という「強制力＝暴力」を行使するのが市民革命である。この時点で政治的な状況が表面化するものの、その時期を除けば、市民革命の以前にせよ以後にせよ、市民階級はみずからが関わりをもち、また行使する政治権力について語ろうとしない。市民階級が貴族階級から政治権力を奪取するにあたって経済的並びに倫理的な優越性に依拠していたとすれば、十九世紀後半以降、次第に政治的権力も手中に収めるようになると、今度はおのれの政治的支配をできるだけ隠蔽しようとして、それが非政治的な経済と倫理の帰結であるかのように装うようになる。シュミットによれば、それを正当化する役割を果たすのが自由主義思想だった。シュミットが自由主義的な市民階級を批判する理由はここにある。政治権力を掌握して以後、市民階級は合法性の名のもとに、自らの政治的支配をできるだけ隠蔽しようとした。

自由主義が成立し、支配的な思想潮流になるには、特定の社会的、政治的条件が必要である。近代の国家形態の変遷を十八世紀の絶対主義国家から十九世紀の中立的—非介入的国家を経て、二十世紀の全体国家へいたる過程として、シュミットは整理している。中立的国家の時代が自由主義の時代にあたり、ワイマール時代は全体国家への転換期にあたる。

絶対主義期においては国家がいかなる社会も競争者として認めないほど強力だったのに対し、自由主義的な十九世紀になると、市民社会が国家と区別され、国家から相対的に自由な、独自の領域として台頭する。〈自律的な領域としての市民社会〉の誕生が、自由主義の成立する基本的前提である。これに対し、一八七一年のドイツ統一以後、国家と社会が次第に民主主義的に組織されるようになると、以前には区別されていた国家と社会が相互に「浸透しあう」という新しい事態が生まれ、やがて社会は国家化し、国家は社会化して、社会＝国家という意味での全体国家が生まれてくる。全体国家において、以前は「中立的」だった宗教や文化、経済などの市民社会の領域は、「非国家的」「非政治的」という意味で「中立的」であることをやめ、他方で国家は社会のあらゆる分野に関心をもち、潜在的にすべての領域に介入するようになる。

ここで、自由主義の成立する基本的前提である市民社会の自律性とは、一般にどのような事態を指すのか。市民社会とは封建的、身分的制約から解放された、自由な直接生産者相互のヨコの平等な関係を出発点にしている。各人がおのれの生産力の担い手であるというだけの資格で関係しあう平等な関係に立脚して、移動の自由、営業の自由、結社の自由などを保証された社会、このような自由を行使するにあたって政府による細かな規制や拘束から免れている領域、それが自律的な市民社会であった。

そして政治思想史的に言えば、自律的な社会とは秩序形成の、それも自然成長的な秩序形成のメカニズムを内包している社会のことであり、そこでは、個人の自由＝解放が認められれば認められるほど、秩序形成のメカニズムが作動するようになり、そのメカニズムがよく働いていないとすれば、個人の解放が不十分なためである、とされた。

歴史的にみると、このような関係は市民革命の結果として基本的に成立したわけだが、革命によって一挙に実現されたわけでもないし、十分に実現されたわけでもない。十分に実現されているかどうかはともかく、国家から相対的に自由な独自の領域であると想定された市民社会の存在が、自由主義思想の成立するための歴史的条件なのである。

しかし純粋な市民社会は現実にはありえない。かりに平等な関係のもとに生産活動が始まったとしても、それは直ちに成功して資本家へと上昇していくひとと、成功せず労働者に転落していくひととに両極分解していかざるをえない。市民社会は絶えず資本主義社会へ転換していくのである。その意味で、たとえ疑似的にせよ、自由で平等な直接生産者の相互関係がある程度成り立ちえたのは、初期資本主義の時代、または初期資本主義から産業資本主義への転換期に限定される。また市民社会の在り方も、国家や経済の歴史的発展段階に応じてちがっている。

自由主義の政治思想

市民社会の構成員の生産活動を自由に認めることが生産力の拡大をもたらすというのが経済的な自由主義の基本的発想であり、シュミットも言うように、構成員を自由に放任し言論の自由を認めることによって、おのずと適正な秩序が生まれてくるというのが、政治における自由主義の基本的な考え方であった。経済における市場に対応して、政治的自由主義が考察されている。経済的自由主義にせよ政治的自由主義にせよ、そこでは自由放任の結果生まれる「均衡」に対するオプティミズムが支配的であり、それは、バランスがおのずと生まれてくるだけでなく、そこに成立するバランスが適正なものである、という二重の意味でのオプティミズムだった。

自由主義的な均衡の観念に立脚した政治的制度として代表的なものが議会である。議会主義の初期の代表的主唱者として、初期にはイギリスのジョン・ロック（一六三二―一七〇四）が、やや遅れてフランスのシャルル・モンテスキュー（一六八九―一七五五）、そしてフランソワ・ギゾー（一七八七―一八七四）などがいる。生きた時代はかなり重なるが、ホッブズからロックへの移行は政治思想史上の大きな転換期にあたる。ここで絶対王政の思想から近代的な政治原理への転換が行われた。内乱の危機の時代から、社会秩序の安定した均衡の時代への転換でもある。議会自体が三権分立という場合の三権の均衡の一分枝であるだけでなく、議会の内部においても均衡が保たれると考えられた。

シュミットによれば（『議会主義論』）、議会主義思想の核心には、意見を自由に闘わせることによって真理が生まれてくるという、一種の市場原理に立脚した主張があった。言論の自由を認め、自由な意見交換や討論が行われる過程で、真理なり正しい判断が生まれてくると信ずることとは、かれにとって、真理というものが他の意見との関連で他律的に決定されることを承認し、みずから正しいと思うことを議会において実現することを最終的に断念することにほかならない。その意味で、議会主義は絶対的真理もしくは確定的真理の実現を断念した相対的真理観に立脚している。自由主義に政治の世界で必要な断固たる決断の要因が欠落している根本的理由はここにある。

自由主義の一環である議会主義思想の核心は、（1）「公開性」の要求と、（2）「権力分立」論にある。政治生活の「公開性」の要求は、絶対主義の秘密政治、つまり国家の秘密と対抗するなかで生まれた主張だったが、後になると絶対主義批判に関わりなく、「公開性」それ自体が価値をもつものとされ、秘密政治や秘密の外交を排除することが政治腐敗を防止する有効な手段である、と考えられた。一方「権力分立」の主張は均衡思想の典型的な具体例である。

このような自由主義の二つの主張のうち、「公開性」の要求は民主主義にも共通する主張であり、自由主義のみに固有なのは「権力分立」、つまり、均衡の思想だった。均衡の思想から生まれる「寛容」の原則も自由主義の重要な論点のひとつである。政治における寛容の原則こそが、とかくおのれの主張を絶対化しがちな政治思想のなかで、自由主義思想に精神的優位を与えるものだったが、シュミットは自由主義を論じるに際し、寛容思想の意義については関心がうすいのか、触れるところが少ない。

自由主義の変貌

本節では自由主義の問題状況を補足的に説明しておきたい。自由主義の思考様式の特徴は、とりわけ形式的に思考する点にあった。丸山眞男の議論（「現代自由主義論」）を援用して若干補足説明をしておこう。丸山によれば、自由主義の主張には「形式的」側面と「実質的」（内容的）側面があり、自由主義においてはつねに形式的側面が優位に立ち、その点に自由主義のプラス面とマイナス面が集中的にあらわれている。「形式的自由」とは思想の自由や言論の自由のような政治的自由を意味し、「実質的自由」とは居住や移転の自由や営業の自由のような、社会生活において具体的内容をもつ市民的自由を意味する。また丸山によれば、「実質的自由」は自由主義が実現しようとする目的、「形式的自由」はそうした実質的目的を実現する上で必要とされる手段であった。そして初期の自由主義においては、「形式的自由を与えれば、おのずと実質的自由は実現されるだろう」という、一種の自動調和的なオプティミズムが支配的だった。そのため自由主義において形式面が重視されていたのであり、シュミットも自由主義の形式的性格を繰り返し強調している。

しかし、自由主義の主張内容は自律的な市民社会を前提としてリアリティをもつものであり、市民社会自体が十八世紀から十九世紀への推移のなかで変貌していくと、自由主義の主張が成り立つ基盤も急速に失われ、初期の自由主義も変貌していかざるをえない。市民社会の構造的基礎になる経済社会は、手工業者や小農のような独立小生産者の世界から、かれらが資本家と労働者へ両極分解していく過程で、次第に資本主義的な階級社会に変貌していく。階級分化や内部対立の増大、貧困や失業、犯罪問題の深刻化とともに、小生産者の世界にはまだ存在していたある程度の社会的な同質性が失われ、それに対応し自由主義のオプティミズムも失われていく。前者を前期市民社会、後者を後期市民社会と呼ぶとすれば、前期と後期で市民社会の基本的な課題もちがってくる。

前期においては、絶対主義的な国家からの個人または市民社会の自由が主たる課題とされ、その自覚的表現として自由主義思想が誕生した。私的な諸個人が自由に自分たちの利益を追求し、結社をつくり、契約を結べることが、市民社会の自由の具体的内容をなしていたのに対し、後期になると、社会はむしろ積極的に国家にかかわり、市民社会を守るために国家権力をみずから組織していくことを課題とした。

また前期においては、強力な国家からみずからを守るために経済社会に依拠していたとすれば、後期になると、経済社会である資本主義社会が、国家と同様に市民社会の脅威になってくる。貧困、失業、階級対立といった問題はもちろんのこと、資本主義の成長によって市民社会の理念（近代思想一般）が骨抜きにされていくという事態が深刻化し、新たに市民社会は資本主義の脅威に対処するため国家に頼らざるをえない状況が生まれてくる。市民社会はもともと国家に警戒心をもっていたが、後期になると国家に対する否定的な態度は後退し、むしろアンビヴァレントなスタンスをとるようになった。

市民社会の直面する新しい状況に対応して、自由主義は積極的に民主主義的思考を取り入れ、言うなれば自由民主主義へと変貌していく。市民社会が前期から後期に移行していく十八世紀から十九世紀への過程で、いま述べたような諸問題が発生し、それに対処するために政治思想の面では二つのタイプの対応が生まれてきた。一方では、自由主義のような既成の思想が変貌し、自由民主主義とか立憲自由主義とも呼ばれるようになり、イギリスのジェレミー・ベンサム（一七四八―一八三二）やジョン・スチュアート・ミル（一八〇六―一八七三）、フランスのギゾーやアレクシ・ド・トクヴィル（一八〇五―一八五九）らがその理論的主唱者になった。他方において、サン＝シモン（一七六〇―一八二五）、ロバート・オーウェン（一七七一―一八五三）らの初期社会主義、マルクス主義、プルードンやバクーニンらのアナーキズム、さらにはエドマンド・バーク（一七二九―一七九七）に始まり開花した近代保守主義、ロマン主義といった新しい思想が台頭する。前期の市民社会には社会が人間の自立を支えてくれるものとみなされていたのに対し、後期になると社会もまた自立を抑圧するものと感じられるようになり、新しく成立してきたこれらの思想は、その方法は異なるにせよ、何らかのかたちで自立を支える社会に変えていこうとする点で共通の地盤に立っていた。このような意味での変革期にあたる十九世紀前半に、シュミットは強い関心を寄せていた。

前期市民社会的な自由主義、つまり、古典的自由主義は十九世紀の新しい状況に直面して限界に突き当たり、変貌を余儀なくされた。とはいえ、一面で自由主義は従来の路線を踏襲していく。例えば、政治的支配の唯一の正統性根拠は「人民の同意」、もしくは「人民の意思」にあるというロックの主張は、それ自体ラディカルな民主主義的原理に立脚していたが、同時にロックは自由主義者でもあり、その民主主義的な主張は議会主義や多数決といった自由主義的な枠組みのなかにとどめられていた。

こうして政治的支配の根拠を人民の同意によって基礎づけるロック的な主張は、社会に定着していくと同時に、直ちに問題的性格を露呈する。形式的意味での「人民の意思」の正統性が普遍的に承認されたその瞬間に、「人民の意思」の内容的自明性が崩壊し、問題視されるようになった（丸山、前掲論文）。「人民の意思」という言葉にどのような具体的内容をおりこむかをめぐって、多かれ少なかれ民主主義的な、様々な解釈、主張が乱立する。形式的自由の実現がおのずと実質的自由を実現するといったような初期自由主義のオプティミズムはもはや維持することができない。

そこで自由主義がとった、「形式的自由」を普遍的には認めないという政策は、シュミットにとって典型的に民主主義的な対応である。形式的自由を普遍的に認めるという古典的自由主義の主張は、ここで限定され、形式的自由を与えるに際し条件をつけられて、事実上放棄された。その条件が特定の政治的共同体に所属するということであり、その共同体によって実現される特定の生活様式に忠誠を誓うことでもあった。自由主義とてそのイデオロギーにもかかわらず、決定を回避することはできなかった。このように十九世紀段階になると自由主義のいう「人民」とは、人びと一般、人類ではなく、特定の政治的共同体への忠誠を誓ったひとを意味するようになる。かつては宗教的共同体が政治的性格をもち、「特定の生活様式」を規定していたこともあったが、十九世紀における先進諸国では、特定の国民（政治的共同体）に所属する人びとのみに形式的自由を与えるのが一般的になった。

このように形式的自由を制限した自由主義は、もはや古典的自由主義からは逸脱し、自由民主主義に変貌している。シュミットは『議会主義論』において、自由主義と民主主義が結びついたことを問題視した。自由主義と民主主義は異なる原理に立脚していたからである。自由主義は非政治的な主張であるのに対し、民主主義は政治的な主張である（『憲法論』）。例えば、両思想とも「平等」をキーワードとしているが、その実質的意味はちがっている。「人間はすべて平等である」という自由主義の平等論は政治的主張ではない。政治的内容をもつ主張には、人間を政治的に区別する論理が必要だが、自由主義の人間平等の理念には、政治的基準のみならず、法的基準も経済的基準も含まれていない。人間は生まれながらに平等であるという自由主義的主張には、不平等という相関概念が欠落しており、政治的概念にはなりえない。シュミットにとって、この自由主義的な平等の理念は概念上も実際上も、空虚な、「どうでもよい」(『憲法論』)平等であった。

このように、自由主義の平等概念は一般的で形式的であり、それゆえ非政治的だったが、民主主義の平等概念は特殊的で具体的であり、したがって政治的である(『憲法論』)。民主主義は人間を「無差別」に扱うのではなく、「区別」することができる。例えば、近代において一般化した「国民」であるか否かの区別に基づいて、国民の範囲内で平等を考えるのが民主主義である。

シュミットによれば、民主主義とは一連の「同一性」である。支配者と被支配者が、統治者と被治者が、あるいは命令者と服従者が同一だという、きわめて形式的に理解された民主主義論である。民主主義の本質的前提は実質的な平等にあった。民主主義に立脚した国家は、支配と被支配の区別が何らかの質的な差異を表したり、生ぜしめたりすることを認めない。民主主義による政治は何らかの実質的差異に基づくものであってはならないのである。

この点で民主主義は、支配者の権威を「人民のもっていない何か高次の特性」によって基礎づける「君主主義」と根本的に対立している。民主主義的統治は統治者が被治者よりも何か質的に優越しているということに基づいてはならない。「統治者は実質的に民主主義的平等および同質性の枠内にとどまって」いる必要がある。民主主義における政治的支配は支配され統治される者の、つまり「人民」の「意思、委任および信任」だけに基づいており、その意味で「被治者は自分で自分を統治している」のである。民主主義とは人民の自己統治、自己支配であるというシュミットの定義はこのような意味であろう。

こうして民主主義にとっては内部しか存在せず、外部はありえない。民主主義的思想は、「必然的に内在観念において動く」のである。神であれ、何らかの形而上学であれ、内在性の世界から脱出して獲得される外部なるものは、人民の内部に高低、上下といった質的差異をもたらすので、民主主義の根本原則である同一性とは相容れない。こうして民主主義体制において、国家の正統性根拠は王朝から人民（国民）へと転換した。

『議会主義論』の問題点

『議会主義論』は、議会主義の精神的基礎を明らかにした上で、同時代の「大衆民主主義」の時代において、かつて信じられたその精神的基礎が失われ、議会主義が形骸化していることを批判した書物である。そこでシュミットは、議会主義の思想的基礎を自由主義に求め、さらに自由主義と民主主義を対立する面のある別個の思想と理解した。

ここまで検討してきたシュミットの自由主義論、民主主義論、自由民主主義論にはいくつか問題点がある。(1)自由主義や民主主義のような思想が成立する精神史的前提が問題にされていない場合が多く、したがって(2)それらの理解が形式的なものにとどまっている点である。シュミット自身がとくに自由主義を形式的議論だと批判しているだけに、この点は看過しえない。それはシュミットに特有の思考様式に由来する。

自由主義思想は様々な思想なり考え方を構成要素として、またそれらを前提として成り立っている。それらの要素は自由主義思想のなかに組み込まれているが、必ずしも自由主義思想とだけしか結びつかないわけではない。一般には思想の「精神的基礎」を、ここでは自由主義思想の「精神的核心」、つまり自由主義だけに固有な考えを問うシュミット的な思考方法は、一面で、問題の核心をつくのに適しており、「鋭い」議論になっているのはまちがいない。

しかし他面で、そのような思考方法によると、自由主義以外の思想とも結びつくような構成要素は、自由主義「それ自体」ではない、自由主義のみに固有の要素ではないという理由で、自由主義論からは排除され、それらが排除されてしまう分だけ、かれの言う自由主義は実質的な内容を失い、形式化された思想になってしまう。対象そのものの「基礎」に、その一点だけに関心を集中するシュミットの思考様式の問題点はここにある。この方法によって排除されてしまった自由主義の構成要素として、例えば、個人主義、合理主義、民主主義、などの諸思潮がある。

ここで個人主義というのは、反省的にとらえられた体系的な思想というよりも、普段はそれと自覚されないほどに血肉化しているような、いわば価値意識としての個人主義である。それだけに自由主義思想において、個人主義はとくに言及されずに自明な考え方として前提とされている場合が多い。個人主義とは個人の生命や意思を何よりも重視する考え方であり、そうである以上、個人に対しその意に反しても生命の犠牲を強制できるような政治権力を、個人主義（自由主義）によって基礎づけることはできない。その意味で個人主義は政治と積極的な関係を結ぶことはできない。

また、合理主義というのは、科学なり学問を重視する思想である。したがって合理主義は、学問的であるとされる方法で、すなわち、実験や観察などの帰納的方法や、第一原理から論理的に結論を導き出していく演繹《えんえき》的方法によって獲得されたような、特定の知識を重視する。合理主義において直観的知識や経験的知識は、たとえ尊重される場合でも、学問的知識より下位に位置づけられる。合理主義的観点に立てば、政治は合理的に導き出された政策によって行われるべきであり、政策は合理的な基礎づけをもつことが要求される。自由主義を構成する合理主義は、人民の意思を優先する民主主義思想とこの点では決定的に対立する。

またここに言う民主主義は、「政治的支配の唯一の正統性根拠は人民の合意にある」というロック的な主張を意味している。しかしロックは同時に自由主義の思想家でもあり、この民主主義的主張は形式的に理解されることによって、自由主義の枠内にとどめられた。ロックにおいてすでに、自由主義思想は民主主義的思想とセットになって存在していた。その際、両者は根っこのところで対立することを、シュミットは鋭く指摘している。

このように、右に述べたような自由主義思想を構成するいくつかの思想や思考様式が、自由主義にのみ固有なわけではないという理由で排除された結果、自由主義の理解は形式的なものになったが、同じようにかれの民主主義理解も形式的だった。自由主義とちがって民主主義は具体的で実質的な主張を展開している、とシュミットが述べているだけに、この点は無視しえない問題である。シュミットにとって民主主義はすぐれて支配と被支配の同一性という政治的な統治形式であって、具体的内容としては統治形式としての君主主義と対立するという以上のことは言われていない。

シュミットは自由主義や民主主義を形式的に理解することによって、その具体的な内容を捨象してしまう。かれの自由主義論において、政治的自由主義の核心的主張と言われる、人権や寛容の思想についてほとんど触れられることはなく、民主主義論においても平等の具体的内容にほとんど言及されないのは、この点に関係している。

　だからこそ、内容を捨象して形式的に理解された民主主義は、シュミットの場合、自由主義とだけ結びつくのではなく、自由主義と相反するような独裁の思想とも結びつくことが可能になる。民主主義は自由主義とはもちろん、ファシズムやマルクス主義とも両立できるとされ、民主主義との関連で自由主義の特権的関係はその資格を否定された。同時代の思想風土においては、自由民主主義陣営対社会主義（マルクス主義）陣営の対立と考えられ、社会主義やファシズムと民主主義の両立は不可能であるという理解がある程度一般化していただけに、シュミットの議論は重要な問題提起となった。

　現代の自由主義的な議会主義の状況に立ち返って言えば、議会主義思想の精神的基礎である討論や公開性への信念はもはや失われていることを、シュミットは繰り返し強調している（「議会主義と現代の大衆民主主義の対立」一九二六）。「公開の討論」の原理は形骸化している。議会主義の理論家にとって、当初「討論」は、「合理的な議論でもって相手に真理と正しさを説得し、さもなければ真理と正しさを自分が説得されるという目的によって支配されるような、意見の交換を意味する」とされ、「討論」には前提として「共通の確信、よろこんで自ら説得される覚悟、党派の拘束からの独立、利己的な利害にとらわれないこと」が必要である、と理解されていた。議会の討論には学問の世界の討論と同様に、真理の発見という役割が期待されていたわけである。もちろん同じ真理の追求とはいえ、議会においては賢明な判断が、学問では科学的方法による結論が期待されていた、という違いはある。そしてまた学問の世界の場合と同様に、シュミットの言う議会における討論もまた「共通の確信」をもった、ある程度同質的な社会集団に、それもせいぜい一部の貴族や教養市民層とその周辺においてしか、疑似的であるにせよもともと成り立つ可能性はなかったのである。

3 ロマン主義と政治

ロマン主義への関心

「政治的なもの」を抹消するという点で自由主義の方法よりもラディカルなのが、同じくブルジョアジー、つまり、市民階級の思想であるロマン主義だった。自由主義が倫理と経済に依拠して「政治的なもの」を捨象しようとしていたとすれば、ロマン主義の方は「美的なもの」に依拠して政治領域そのものを解体してしまう点でいっそうラディカルである。文芸領域を本来の場とするロマン主義がこの方法を実践した。シュミットの自由主義批判が市民層一般の批判、つまり教養市民層の批判であると同時に経済市民層の批判でもあったとすれば、かれのロマン主義批判はすぐれてプロテスタント的なドイツ教養市民層の批判だった。

かれのロマン主義論はこのような問題意識のもとに執筆されている。『政治的ロマン主義』は第一次大戦終結直後の一九一九年に公刊され、大幅に加筆した第二版は一九二五年に出版された。『政治的ロマン主義』はシュミットの著作のなかでは最も本格的な学術書のひとつである。大戦の後半の時点で、国法学者だったシュミットがあえてロマン主義批判にエネルギーを投入した同時代的な動機はどこにあったのであろうか。

すぐに思いつくのは、ほぼ同時期に発表された『職業としての学問』『職業としての政治』などにおけるウェーバーの「文人政治」批判の系列であろう。芸術史的に言えば戦時中は表現主義の全盛期にあたり、ダダの運動も生まれつつあった。しかも戦前には芸術領域内部の運動だった表現主義が政治化した時期にあたり、表現主義者を中心とする文人や芸術家の政治的発言や論説があふれかえっていた。これらの新しい芸術運動をモダニズムと総称するとすれば、シュミットもまたウェーバー同様に、モダニズムの芸術運動において安易に政治と芸術が混同されている事態を問題視しており、そうした批判意識を十九世紀初頭の政治的ロマン主義批判に投影した、とみるのが妥当なところである。一九一九年前半にはミュンヘン革命においてエルンスト・トラー（一八九三—一九三九）やエーリヒ・ミューザーム（一八七八—一九三四）、グスタフ・ランダウアー（一八七〇—一九一九）といった文人たちが、ごく一時期とはいえ、運動のリーダーになったことは、いっそう危機意識を高めたはずである。

だが、もともとシュミットにはロマン主義に対し心情的には共感を寄せていたふしがある。一九一〇年代のシュミットは同時代のロマン主義的な詩人、テオドーア・ドイブラー（一八七六―一九三四）に関心を寄せていた。同時期の著作『国家の価値と個人の意味』（一九一四）にはドイブラーの詩句をエピグラフに掲げているし、一九一六年には小冊子ながら『テオドーア・ドイブラーの「北極光」――作品の要素と精神、現実性に関する三つの研究』を刊行し、文学史的には無名に近いドイブラーの代表作と言われる長大な叙事詩「北極光」を分析した。

そこでシュミットは、「北極光」において「ロマン主義的な解釈意欲」が支配している、と述べているが、そのドイブラーの意欲に対しシュミットのロマン主義的感性が反応している。かれは世俗化した時代について右の小冊子でこう書いている。

正義は権力になってしまった。誠実は計算可能性に、真理は一般に承認された正しさに、美は良き趣味に、キリスト教は平和主義的組織になってしまった。……善悪の区別に代わって、細かく細分化された有用性と有害性が現われたのである。

シュミットが『政治的ロマン主義』を発表して以降、ドイブラーとの関係は疎遠になったが、それでも第二次大戦後の小著『獄中記』には数ページにわたるドイブラーに関する記述があり、シュミットがロマン主義的心性と本当に訣別しえたのかどうかは疑問である。

個人主義批判としてのロマン主義批判

とはいうものの、シュミットの『政治的ロマン主義』の論旨は一見明快である。ロマン主義は芸術運動たるべきであり、政治運動化した場合、政治に固有の決断する能力が欠けており、無責任な態度に陥らざるをえない。第1章で述べた方法論に則り、かれの「ロマン主義論」も例外的な極限事例に即して組み立てられている。シュミットは、ロマン主義の基本的発想を論理的に突きつめたところに、ロマン主義の本質をみた。もちろんロマン主義者の多くは、通常そこまでは論理的に突きつめてはいない。

シュミットの「ロマン主義論」は近代個人主義の批判として読むことができる。とくにかれは個人主義の根本的志向性を批判した。個人主義にとって重要なのは個人の生命と自由であり、個人の固有性である。個人主義がおのれの志向性を貫く限り、個人は孤立性を深めるだけで、そこから共同体は生まれてこない。個人主義には政治的共同体への積極的志向性が欠けている。

その根本的志向性の実現過程に即してみれば、個人主義の発展はさしあたり二つの段階に分けて考察できる。第一段階は近代的個人主義の成立・発展の段階であり、自由主義の時代の理性的個人がこれにあたる。第二段階は第一段階の個人主義を批判するかたちで成立する、いわばロマン主義的個人の時代である。政治とは生々しい利害対立の場であるはずだが、自由主義的個人の依拠する理性的な討論が成り立つには、市民的個人であると同時に理性的個人であるという同質性が必要とされる。しかもかれらは政治という利害対立の場で理性的解決を探る際に、政治問題を巧妙に回避し経済と倫理の問題に解消しようとしている、というのがシュミットの自由主義批判の核心だった。

経済的利害対立は理性的討論や倫理によって解決できるという自由主義的個人の想定を批判したのがロマン主義的個人である。ロマン主義にとって、自由主義的個人が想定していた同質性は成り立たず（あるいは崩壊し）、もはや頼りになるのはおのれにのみ固有なもの、つまり個性だった。ところが伝統なり常識なりおのれに固有でないものを捨象し純粋化していけばいくほど、かえって個人の内実は空虚にならざるをえず、個人の自己同一性さえ危ういものになる。

このようなロマン主義的個人につきまとう矛盾を鋭く批判したのが、シュミットの『政治的ロマン主義』だった。同書の主題はロマン主義的な主体の批判にあり、かれは「機会原因論」をキーワードにロマン主義的な主体の政治的無責任さを解明している。「政治的ロマン主義」と言われるが、ロマン主義に固有な政治的主張はない。ロマン主義には保守主義者もいれば自由主義者もおり、さらに社会主義者もいる。したがってロマン主義の精神的基礎を何らかの政治的立場に求めることはできず、ロマン主義的な主体の在り方に求めるしかない。ロマン主義者が個性を追求し、自己の内部にある自己に疎遠なものを、個性の実現には障害になるという理由で排除していくと、必ず「機会原因論」に陥ってしまう。

その理由をシュミットは次のように論じている。かつて世界の中心には神がいたが、その後世俗化が進み、共同体や国家が神の位置にとって代わった。十九世紀初頭のロマン主義の時代には、共同体や国家からも離脱した自我が中心となり究極の決裁者として登場する。すでに世俗化しているとはいえ、国家もある種の「客観性と拘束」をもたらすものであったが、ロマン主義においては、そうした「客観性」や「拘束」からも解放された孤独な自我が、個人の最高の決定根拠とされる。

では「拘束」から解放されみずから決定することを目指す（あるいは決定せざるをえない）ロマン主義的な自我は、一体何を根拠に決定するのだろうか。もっとも、「根拠」なるものはそもそもロマン主義にはなじまない発想である。根拠を設定すると、それもまた拘束になってしまうからである。シュミットはロマン主義者が依拠する根拠を「オッカジオ」と呼んでいるが、根拠ならざる根拠である「オッカジオ」は行動の「きっかけ」にはなりえても、本来根拠にはなりえない。シュミットはここで「オッカジオ」に依拠するような態度を「機会原因論（オッカジオナリスムス）」と名づけている。かれの言う「オッカジオ」は「機会」、「偶因」、「機縁」、あるいは「誘因」などと訳されており、日常語では「きっかけ」に近い言葉である。「オッカジオ」は「カウサ（原因）」の否定概念であり、「因果性の強制」や「規範への拘束」を否定する。したがって「機会原因論」とは規範や因果連関に拘束されない思考や態度であり、それらによる拘束を欠いたロマン主義者の行動は合理的に予測できないし、合理的に理解することもできない。一例を挙げると、〈今日は暑かったのであの男を殺した〉というような行動は、「機会原因論」に典型的な態度である。〈暑かった〉ことは殺人の「きっかけ」にはなりえても、原因にはなりえない。

従来人間を支え、人間の内実に大きな影響を及ぼしてきた「神」や「共同体」、「国家」から解放されたばかりか、十八世紀に支配的だった「道徳」や「価値理念」からも解放された孤独なロマン主義者の「自我」は、絶えずみずからの責任において態度決定を下さざるをえない。「神」や「国家」、「道徳」などに支えられた個人は偽りの個人であり、それらを捨象した純粋な「自我」にこそ依拠しなければならない。こうなれば自我意識は否応なしに高揚する。ロマン主義において、かけがえのない個性をもつ「自我」が重視された理由はここにある。

因果連関にも価値理念にも拘束されない高揚した自我は、実在の世界、現実の世界に対し、おのれの個性的な経験や着想、あるいは芸術作品が生まれる「きっかけ」となる限りにおいて関心をもつ。ロマン主義的主体にとって、おのれの活動や着想の「きっかけ」になるということが重要なのであり、「世界」それ自体は客観的に実在するものとしての重みをもたない。革命であれ、戦争であれ、大地震であれ、それ自体としてはロマン主義者の関心をひかないし、そもそも「それ自体」というような発想がロマン主義には無縁だった。

こうしてロマン主義者は事実上現実世界を回避しようとするわけだが、宗教意識の場合のように世界の「外部」へ出たり、あるいは世界を「超越」したりすることはなく、あくまでも実在の内部世界にとどまる。実在の世界は時に人びとに衝撃を与え、人びとを揺さぶり動かす力をもち、時には邪魔をし、否定することさえあるが、ロマン主義にとって現実世界はそうした強烈な力をもたない、棘を抜き去られた世界だったから、安全で無害な世界と安心して交渉できた。

『政治的ロマン主義』の緒論でも述べられている通り、シュミットのロマン主義批判はプロテスタンティズムの批判をも含意している。カトリックの立場からなされたドイツ市民層のプロテスタンティズム批判であると言ってもよい。プロテスタンティズムが論理的に展開した先に生まれてくるのがロマン主義であり、ロマン主義の空虚な自我は、十九世紀以降の経済の時代に太刀打ちすることはできない。シュミット以前にも、プロテスタンティズムとロマン主義の親縁関係に気づいていた者はいた。歴史家ゲオルク・フォン・ベロウ（一八五八—一九二七）やヘーゲル左派のアルノルト・ルーゲ（一八〇二—一八八〇）がそうであったし、シュミットの同時代であれば文学史家のヨーゼフ・ナードラー（一八八四—一九六三）がそうであろう。シュミットによれば、ルーゲはすべてのロマン主義の根底に「不安定な反抗的心情」を読み取っているが、プロテスタンティズムが超越的な神を失い「自由な自己の原理」に立脚するようになった以上、それは不可避的な結果だった。ロマン主義者のうちフリードリヒ・シュレーゲル（一七七二—一八二九）やアダム・ミュラー（一七七九—一八二九）など、少なからぬ人物がカトリックに改宗していることにシュミットは注目している。

「イロニー」と現実の無力化

このようにシュミットのロマン主義批判は鋭く明快である。ロマン主義を規定するに際し、「可能性の世界」と「現実世界」の概念とに区別している。かれはキルケゴールから「例外」の思想を学んだが、そのキルケゴール研究者のヴァルター・レームも言うように（『キルケゴール　誘惑者』）、「可能性」の世界においては、決定を下す必要もなく、あらゆるものをとらえ、あらゆるものと戯れることができるだけでなく、浮かび漂い、自由であり、限りなく豊かであることもできる。そこでは「無数の存在形式」と絶えず戯れることが可能になり、決定は限りなく先のばしにされる。

決定することを、すなわち、可能性の世界から現実の世界に出ていくことを、巧妙に回避しようとするのが、ロマン主義の根本的動機だった。シュミットにとって、それは政治的世界を回避することにほかならない。態度決定するとは家庭なり職業なりを通して、そして日々の具体的な行動を通して、社会に入り、社会に巻き込まれ、そこに自己を限定していくことであるが、ロマン主義者はできるだけ自己限定を避け、華やかで多彩な「可能性の世界」にとどまろうとする。ロマン主義は「永遠の生成」と決して完成することのない「可能性の状態」を「具体的現実」よりも高く評価した。決定を回避すればこそ、おのれの全体性なり一般的可能性を手放さないでいられる。ロマン派の作曲家シューベルト（一七九七―一八二八）に「未完成」と呼ばれる交響曲があるのは、偶然とはいえ暗示的である。

ロマン主義はとかく「古典的なものの明快な輪郭」に対して、「無限に多義的な原始性」を称揚する。明確に意味を定義するよりも、概念化される以前の多義性、始まりを意味する原始性を好んでいるかに思える。だがシュミットによれば、かれらは別に原始的で多義的な世界の具体的な「内容」、例えば石器時代以前の具体的な生活や未開の地の生活といったような実態に惹かれているのではなく、そこでいまだ決定がなされていない点に、つまり、限定され制約されていない点に魅了されているにすぎない。ここでもシュミットの批判はすこぶる歯切れがよい。

とはいえ、ロマン主義者は空想的だと批判されないように、現実世界やそこでの決定を巧妙に回避する。その手法として多用されたのが「イロニー（Ironie）」である。「反語」とか「皮肉」などとも訳されているが、いまひとつ適切な訳語とはいい難く、ここではそのまま「イロニー」と訳しておきたい。巧妙に決定を回避し「自己を保留する」ロマン主義者の「イロニー」とは、「新しい現実を生みだす代わりに、ひとつの現実を他の現実に対して打ち出して、その時その時に実在する限定的な現実を無力化しようとする人間の活動」である。ここで、目下支配的な「現実」とそれを無力化するために打ち出されるロマン主義者の「現実」、そしてそれらいずれとも区別される新しい「現実」という、三つの現実について語られている。

ロマン主義者は社会主義者のように「新しい現実」の形成を目指しているのではなく、支配的な現実を少しずつ改革していこうとするのでもなく、むしろ自分にとって支配的な現実が無力になることを願いつつ、支配的な現実を通常とは別の次元で受けとめ、そうして受け入れられた現実こそが真の現実であると解釈する。この意味でロマン主義は現実を多層的なものとしてとらえるのに優れており、現実をより広く、より深く解釈するという面で実績をあげた。ノヴァーリス（一七七二—一八〇一）はこのような方法を「ロマン化」と呼んでいる。しかしシュミットは、醜い現実を美しい現実に、俗悪な現実を崇高な現実に変えてしまうような「ロマン化」の方法を、とうてい肯定できなかった。

「自我」にかかわらせて言えば、「イロニー」とは自己と自己の可能性を保留する方法である。ロマン主義者はおのれの自我が現実、それも支配的な現実のなかで限定されることや、他人から規定されることを嫌い、自分はそうではないのだと不満の声をあげる。例えば、＊＊主義者ですね、＊＊＊な性格ですね、あるいは＊＊＊とおっしゃっているのですね、などと言われると、ロマン主義者は＊＊＊ではないと思い、自分はそれと別の考え、違った性格であると考える。＊＊＊であると認めてしまうと、自己はそういうものに限定され規定されてしまい、可能性の世界を失ってしまうからである。さらにまた、「お前はAだ」と言われると、Aではなくて Bだと思い、「それではお前はBなんだな」と言われると、今度はBではなくて実はCなのだと思い、さらに「お前はCだ」と言われると、Cではなく Dだと思う、という具合にこのプロセスに限りはない。この意味でシュミットによれば、ロマン主義者はいつも同時に「多数の他者」であり、特定の瞬間に制約されて存在するものを「はるかに超えたもの」なのである。したがって規定し限定すること、区別することを本領とする学問＝

科学は、ロマン主義にとって表層にとらわれた認識であり、必ずしも肯定できるものではなかった。

このようにロマン主義者はあらゆる現実的なものがもつ客観的な構造連関を解体し、それらをおのれの活動や思索、あるいは制作への刺激もしくは機縁(きっかけ)とすることによって、そのように換骨奪胎された現実的なものを安心して取り入れ、消費することになった。それはシュミットにとって決定の無限の先送りであり、政治の世界を逃れ、可能性の世界にとどまることにほかならなかった。それだけでない。ロマン主義は構造といった認識枠組みや概念装置を解体してしまう。穏便に言っても相対化したのである。

4 シュミット思想の現代的射程――ロマン主義論との関連で

シュミット的個人?

ではこのようなロマン主義的個人に対しシュミットはどのような個人を対置するのだろうか。ロマン主義的個人は不確定性を特徴とし、複数の個人に分裂していたが、当人には必ずしも「分裂」と自覚されていない。対象はつねに主体との関係においてしか存在しない、つまり、主体もまた対象との関係においてしか存在せず、確定的な個人からはむしろ絶えず逃れていく。主体が自覚された場合には複数の自我は仮面とみなされ、イロニーが多用される。第一段階の近代的個人としては崩壊していることになる。第二段階の自由主義的個人から見れば、ロマン主義的な個人は分裂し解体する、空虚な個人であり、肝心な決断ができない無責任な個人だった。実際にも、自己同一性を失ったロマン主義的な個人は、一時的な全人間的高揚の時期が終わると、不安定な個人であることに耐えられず、再び自己同一性の世界に戻ってしまいがちである。前節でも述べたようにロマン主義者がやがてカトリックに転じた例は少なくない。

またシュミットが同時代に直面していた個人主義は個人主義の第三段階といっていいような形態に変貌しつつあり、かれの個人主義批判はこの新しい形態も批判の対象にしているように思われる。第三段階の個人主義は、あえて命名すれば、技術主義的個人であり、第1章で紹介したシュミットの歴史哲学において二十世紀の技術の時代に対応する個人主義である。シュミットの時代には、すでにロマン主義的個人主義の時代に始まっていた、生活へのテクノロジーの解体的浸透がいっそう進行していた。複数の私に「分裂」するようになった時代と、複数の私が「並存」している時代との違いが、ロマン主義的個人と技術的個人の違いであると言ってもよい。前者にはまだ分裂を総合する姿勢がないでもないが、後者においては分裂したまま、あるいはむしろ並存したまま放置される。

筆者はかつてここに言う第三段階の個人主義の心的世界の特徴を「等価性の世界」と呼んだことがある（『ワイマール文化とファシズム』）。対応するドイツ語としては「グライヒギュルティヒカイト（Gleichgültigkeit）」をあてるのがいいかもしれない。辞書には「無関心」や「どうでもよいこと」といった訳語があてられているが、文字通りGleich＝「同じように」、Gültigkeit＝「妥当すること」を意味するわけで、当人にとってAもBも同じように妥当するということは、AもBも「同じようにどうでもいいこと」になる。そうした世界を「等価性の世界」と名づけたわけである。言い換えれば〈価値という経験〉が成立しない心的世界である。そこには複数のわたしが並存しており、それらが矛盾・対立することはない。ロマン主義者は、とりわけ同時代のモダニズムは、時にこうした世界をポジティブにとらえかえそうとする志向性をもっていた。

個人の現代的形態を批判するシュミット的個人のイメージは、確固たる内実をもつ統一的な個人であり、その限りで第一段階の個人に近いと言えようが、確固たる内実を支えているのは理性的個人というわけではなく、その点は明確に述べられていない。しかし、確固たる個人の立場からのロマン主義的個人への批判は鋭くみごとである。ただし批判は鋭いが対案に乏しいというシュミットの一般的特徴がここでもあてはまる。個人のイメージについては、ドノソ・コルテスの決断主義が絶賛され、カトリックの反革命の国家哲学を称揚するのみで、シュミットがカトリックの信者であるという以上のことは明らかでない。作家ロベルト・ムージルの研究者ハンス＝ゲオルク・ポットも言うように（「文化と暴力」）、シュミットの「個人」のイメージは狭く硬直しており、「モデルネ」への不安、恐怖に怯《おび》えているのではないかとさえ感じられる。その意味でシュミットはロマン主義の問題意識と触れあわないだけでなく、同時代のモダニズム芸術とも基本的には無縁な思想家である、とさしあたりは言えるように思われる。

ただし自由主義的個人であれロマン主義的個人であれ、近代的個人主義に対置されるシュミット的「個人」は確固たる個人のようでありながら、そこには特有の〈破れ〉というべきものがある。それが「例外状況」の問題である。ロマン主義的個人を徹底的に批判したシュミットだが、意外なことに例外状況という破れにおいてロマン主義や同時代のモダニズムと接点をもつようになる。この点についてはすでにカール・レーヴィットが、シュミットの「決断主義」自体、ロマン主義を徹底的に批判しているにもかかわらず、「機会原因論的」にならざるをえない、と批判的に論評している（「カール・シュミットの機会原因論的決定主義」一九三五）。レーヴィットも言うように、そもそもシュミットの「決断」の概念は、ロマン主義者の「誘因《オッカジオ》」とまったく同様に、「規範へのあらゆる拘束」を否定するものだからである。第1章で述べたシュミットの「例外」の方法がすでに「機会原因論的」である。「例外状況」における主権者の敵か味方かの決断は、規範に拘束されないどころか、因果連関にさえ拘束されない決定であるとされている以上、「機会原因論的」になって当然である。規範や因果連関からも離脱したロマン主義的自我が依拠することになるのは、強いて言えば、「興味」ないし「興味深さ」の概念である。「興味」とは対象に関する科学的認識や倫理的判断を抜きにして対象に接近する心的態度である。ロマン主義を批判する一方で、シュミットは『政治神学』において、「例外」は通常事例よりも「興味深い」と述べている。そしてかれにとって政治的に「決定的な例外事例」とは戦争なのであり、戦争でさえ「興味深さ」の対象になっている。絶えず戦争の可能性を視野に入れた「政治的」な人生は、生死を賭した戦いを予想するがゆえに真剣なものになる、とみていたシュミットが、同時にまた戦争を「興味深さ」の視点からみていたとなれば、レーヴィットならずとも、「いかがわしくもロマン主義的な」見方だと言いたくなるだろう。

「能動的ニヒリズム」とモダニズム

シュミットによれば、二十世紀の技術の時代に、過去の中心領域が、すなわち、神学、形而上学、人道的道徳などの領域がすべて捨象され、「精神的無」の時代が始まった。ウェーバーが予言した「精神なき専門家」の時代の到来である。レーヴィットによれば、中心の欠如した時代にもなされる決定＝決断は何ごとにも縛られない「決定のニヒリズム」であり、それは「機会原因論的」にならざるをえない。シュミットの政治理論においては、「決定」の内容、つまり、何のための決定かに関わりなく、「決定」という形式それ自体が絶対化されている。「非決定」よりも、どのような内容をもつ決定であれ、「決定する・決定されること」の方がよい、というのである。政治において決定がなされないと、アナーキーな状態の出現する危険性が高まり、それを回避するのが主権者の決定だった。

レーヴィットはこのようなシュミットの精神構造を、フリードリヒ・ニーチェ（一八四四―一九〇〇）に由来する「能動的ニヒリズム」と名づけ、エルンスト・ユンガー（一八九五―一九九八）も含めた、ワイマールからナチ期のドイツ精神に特有のものである、と述べている。内容と無関係に「決定」それ自体が重視されるとすれば、あらゆる決定はその形式性において等価的にならざるをえない。諸々《もろもろ》の決定、決断を差異化する基準があるとすれば、それは「真剣さ」（シュミット）であり「果断さ」（ユンガー）である。政治的に左右の両極端が出会うのはここにおいてであった。

ユンガーのシュールレアリスム的著作『冒険好きの心』（一九二九）を分析したレーヴィットは、その鍵概念を意欲と信念における「果断さ」に求めている。果断さ自体はいかなる政治学的、あるいは社会科学的内容を含むものではない。「果断さ」を求める心にとって、いままさに「教義」や「秩序」のためと称して舞台上で演じられている「闘い」は、所詮具体的生活から遊離した制度的な演技であり、戦ってはいても「擬戦」にすぎなかった。レーヴィットはこの文脈において、必要なのは「旗印でなくして戦士であり、秩序ではなく叛乱《はんらん》であり、体系ではなくして人間である」というユンガーの言葉を引用している。ユンガーにもみられる、何ものにも縛られない、無制約な「決定のニヒリスティックな根底」は、元来ユンガーよりは秩序好みと言ってよいシュミットの「政治的なもの」の概念において、いっそう明白になる。

このように政治的には問題の多い「能動的ニヒリズム」だったが、シュミットのこうした発想は、『政治的ロマン主義』を執筆していた時期においてみれば、意外なことに、表現主義やダダイズムなど、「モダニズム」の芸術上の方法と対応している。シュミットはロマン主義批判にことよせて同時代のモダニズムを批判したが、シュミットの方法自体がモダニズムの方法と重なっているのである。十九世紀末以降、一九二〇年代に至る時期の、印象主義から始まって表現主義、ダダイズム、新即物主義にいたる、先進的な芸術運動全体をモダニズムと呼ぶとすれば、とくにダダ運動においてモダニズムの志向性がラディカルに表現された。

ダダとシュミットを結びつけるのが「例外状況」の概念である。ダダ運動の創始者の一人とされるフーゴ・バル（一八八六―一九二七）は、運動から離れた後カトリックに転じ、もともとカトリックだったシュミットと交流が生まれた。シュミットは「モデルネ」の進展に不安を抱いており、ロマン主義批判に明らかなように、一九一〇年代以降のモダニズムにおける、断片化し複数化する個人にはついていけなかっただけに、かれとモダニズム（ダダ）の親近性は注目に値する。

現代思想への広がり

「シュミットとダダ」とはいえ、シュミットがダダ運動に関係があったとか、ダダに共感を寄せていた、と言いたいわけではない。かれはむしろダダを含めたモダニズム運動とは思想的に相容れない関係にある。しかし「例外状況」の方法が、かれの意図に反して、機械原因論に陥る可能性があったという点において、ダダ（モダニズム）と接点があったということが、ここでの問題である。

ただし、その接点に向かって両者は反対側から接近している。シュミットの場合「機会原因論」は批判の対象だが、バルにとってはむしろ追求目標だった。バルは自分を含めて個人というものを是認できなかった（『時代からの逃走』）。目指すべきなのは、過去の信念や価値から完全に脱却して、「力の限りカオスの状態を獲得する」ことである。そうすれば様々な「本能」や、理念の背後に「隠れていた連関」が表面に現れてくる。肝心なのは価値や経験を超えたところに出ていくことだ。経験に固有な、時間をかけた対話という「回り道」を拒否し、そこに現れてくる偶然性の輝きにバルは希望を託しているかのようである。バルと同じような発想は、同じくダダ発祥の場、キャバレー・ヴォルテールに結集したリヒャルト・ヒュルゼンベック（一八九二―一九七四）にもあった。

シュミットも、バルやヒュルゼンベックも、個人の崩壊と「機会原因論」的な精神の到来を見すえている点では共通している。ダダイストはラディカルに個人を解体していくことを目指したが、シュミットは個人がいっそう解体していくことを望んだわけではない。この点で両者ははっきりと袂《たもと》を分かっている。しかしシュミットの政治理論の核心が例外状況における主権者の決断にあるという点で、みずからの自覚や意図に関わりなく、かれはモダニズム（ダダ）の志向性と触れあうのである。

時間の継続のなかで考察し実現していくという「経験」の立場をモダニズムは肯定しない。むしろ瞬間における啓示、不意打ちを重視する。一瞬の状況（「配置状況」）における「真実」の出現を見定め、その一瞬を叙述し表現する。「瞬間」の概念はワイマール共和国期の思想状況においてキーワードでもあった。伝記作者のリュトガー・ザフランスキー（『マルティン・ハイデガー』）は、ハイデガーのみならず、シュミットの「決断の瞬間」やパウル・ティリッヒ（一八八六―一九六五）の「カイロス」、エルンスト・ブロッホ（一八八五―一九七七）の「生きられた瞬間の暗闇」、ユンガーの「突然の驚愕《きょうがく》」などにみられる「瞬間」への注目を、現代的な現象として挙げている。異なる思想圏にいたはずのシュミットやバル、ティリッヒ、ブロッホなどがその点で触れあうのである。日常生活を中断する瞬間において「全体」を一瞬のうちに把握しようとすれば、イデオロギーはもちろん、「経験」や「価値」もしばしば邪魔になってくる。

このようにロマン主義の問題は現代思想の問題へと広がりをもっている。シュミットのロマン主義論にやや多くのページをさいたのはそのためである。

第3章　ワイマール共和国の崩壊とナチス体制の成立
——『独裁』『憲法論』『合法性と正統性』

1　議会主義の実態とその批判

大衆民主主義の時代

教養市民層を中心とする上流の市民層や貴族だけが集って政治問題を「討論」する、ある程度同質的な社会集団から成る議会の時代は終わり、教養市民層的世界とは異なる、従来は民衆層として排除されていた、より多様な集団が議会に利害代表を送るようになった。そのような時代を、シュミットは「大衆民主主義」の時代と呼んでいる。身分的な選挙制度が廃止され民主的な政治制度が樹立されたワイマール共和国の時代は、まさに大衆民主主義の時代であり、大衆社会論が生まれた時代でもある。

当時すでに討論の前提となる「公平無私さ」が議会において可能であるとは思われていなかった。ヒトラー著『わが闘争』における議会の描写に明らかなように、社会が多様な社会階級、社会集団に分断され、市民社会の同質性がフィクションとしてすらリアリティを失った世界において、かれらの代表が議会で「真理と正しさ」を議論するというような理解は、現実の利害対立の前では成立しえない。

ある程度の同質性が保持されるということが前提であれば、議会はもちろんのこと、学会のような専門家集団においても公平無私さを確保するのは難しい。時代が変われば、議会における討論の性質も当然変わっていく。もともとロック以降の初期自由主義の時代においても、議会が「合理的な議論でもって相手に真理と正しさを説得する」場であったかどうか疑問であるが、二十世紀のシュミットの時代になると、タテマエとしてさえ成り立たない議論になった。

大衆民主主義の時代に議会主義の基礎が失われたという議論は、その崩壊の責任を「無教養な」大衆の政治の世界への進出に求める議論と混同されがちだが、大衆だけに責任を帰するのは不当である。従来議会から排除されていた大衆層のみならず、かつての教養市民層、名望家層も利害集団化し、それぞれの利害代表を議会に送り込んだことにより、議会の同質性が損なわれたのが根本原因である。

このように内部崩壊を迎えた議会主義は、その実態が慨嘆される段階を超えて、根本的な批判にさらされるようになった。『現代議会主義の精神史的地位』(以下『議会主義論』)において、シュミットは議会主義の精神的基礎に立ち返ることは目指しておらず、その空洞化の指摘と批判に終始している。議会主義を否定しているという論難に対して、かれは、議会主義の実態を指摘しているにすぎない、と弁明するかもしれない。だが、同書の後半部分ではマルクス主義と革命的サンディカリズム（アナルコ・サンディカリズム）の側からの議会主義批判について論じている。議会主義に代わるシュミットの手持ちの対案としては独裁しかなかったものと思われる。かれの「議会主義と現代の大衆民主主義の対立」（一九二六）は、とくに議会主義の内部的崩壊に焦点をあてている。

独裁の思想と立憲的議会主義の対決

シュミットによれば、ワイマール共和国時代の政治思想の配置状況は、一八四八年前後の思想的配置状況との対比で理解できる。十九世紀前半のヨーロッパは、自由主義的な議会主義的立憲主義によって統治されていたが、マルクス主義的社会主義やバクーニンやプルードンのアナーキズムなどが台頭し、議会主義を廃棄しようとしていた時期でもあった。

議会主義は当初、自由に意見を述べあう討論の過程で、「真理」なり「正しさ」を明らかにする制度として正統化されたが、次第に理念は実態とかけ離れ、妥協を重ね、諸々の利害を調停し均衡をはかる制度に変貌していく。それに対して最もラディカルな批判を展開したのが独裁の思想だった。フランスやドイツで革命の動きがあった一八四八年は、独裁の思想と立憲的議会主義との対決の年であった。

独裁の正統性を保証するのは、自分は正しいという熱烈な、あるいは絶対的な確信である。シュミットにとって、独裁には本質的に決断が必要とされるので、独裁を正統化する思想は典型的な政治思想である。独裁の思想は、議会主義の媒介や調停の立場、つまり均衡の立場を、決断を欠いた偽りのものであり、根本的解決にはならないと否定し、それと正反対の立場に立つ。すなわち、媒介を、中間にあるものを排除した「直接性」の立場、複数の議論を尊重し互いに討論するのではなく、問答無用の一義的な「断定性」の立場を支持する。そのような立場は直接的なものだけに確実性の感覚は増大するものの、その立場を貫徹すると、「流血の決闘」にいたるしかなく、最終的には敵対者を断固として排除する独裁体制に行きつく。

シュミットは議会主義と独裁の関係を以上のように理解し、独裁を議会主義に代わりうる体制として検討し、独裁は議会主義とは対立するものの、民主主義とは対立しないという重要な結論を下す。前章でも触れたように、民主主義が支配者と被支配者の同一性であるということであれば、自由主義的な議会政治と独裁政治を比べて、どちらかが原理的に優れているということは言えない。この点、議会主義と独裁は等価的である。それどころか、議会

〈媒介〉を通さない、人民の歓呼〈直接性〉を基礎になされる独裁政治の方が、適切に同一性を実現していることも十分ありうるだけでなく、議会よりも重要な政治問題について迅速な決定を下すことができる。このような論拠に立ってシュミットは独裁政治を肯定し、議会主義の批判という観点から同時代の独裁思想に注目する。

マルクス主義と独裁

まずシュミットのマルクス主義論を、独裁の思想を中心にみていこう。マルクス主義の独裁の思想は、一面で啓蒙主義の理性による独裁思想を継承しており、基本的には合理主義的な独裁論である。しかしマルクス主義はヘーゲルの歴史哲学に立脚することによって啓蒙思想の合理主義からは逸脱する面をもっている。

シュミットは弁証法的発展の論理によって構成されたヘーゲルの歴史哲学の特徴を、自然科学を範型とするような、啓蒙主義的合理主義の理解とは違った〈もうひとつの別の科学概念〉に立脚していること、理論と実践が結びついていること、内在性の哲学であること、の以上三点に求めている。

マルクス（一八一八―一八八三）の盟友エンゲルス（一八二〇―一八九五）は、マルクス主義的な社会主義を「ユートピア」から「科学」へ発展した「科学的社会主義」である、と誇らしげに述べているが、だからといって独裁の立場を放棄したわけではない。自然科学を範とするような精密科学によっては独裁を基礎づけることはできないが、マルクス主義における「科学」はそのような科学性への信念が高揚して極端な強度にまで高まり、自然科学的合理性とは質的にちがった、もう一つの合理性へと転化したものである。弁証法的思考は物事を対立関係からとらえ、対立の強度が限度を超えて高まったときに生じる質的な変化に着目する。マルクス主義の自認する科学性とはこのような質的転化にいたる過程も包摂するわけだが、自然科学的な科学性の立場からみれば、マルクス主義のいう「科学」は科学性に欠け、時には「幻想的」であるとさえみなされた。

自然科学的科学性の立場では理論と実践は厳密に区別され、理論的研究から実践的勧告は導き出せないが、マルクス主義においては「実践上および理論上の観念表象が互いにむすびついて」おり、理論的研究によって実践的勧告を導き出すことも可能である。

ヘーゲル哲学の第三の特徴である「内在性の哲学」とは、世界を超越した外部なるものを想定せず、すべての問題は世界内部の諸条件のもとで理解されるし、解決されるべきものであるという考え方である。例えば善悪の観念にしても、世界とは無関係な、世界の外部に根拠をもつような基準によって決定されるのではなく、世界内部の諸関係から生まれてきたものだ、とみなすような思考様式である。

「内在性の哲学」に関しシュミットは『政治神学』のなかで言及している。ドノソ・コルテスのような一部の反革命の思想家を別にすれば、ヘーゲル哲学に限らず、十九世紀以降、近代社会の世俗化した支配的思想潮流においては、世界の外部を想定するような宗教的、形而上学的思考が衰弱し、この世を超えた彼岸への視野は放棄されていく。宗教論も同じ運命をたどり、理性の限界内において理解された（「理神論」）。世界を超越するという契機は失われていった。政治には神学的なものによる基礎づけが不可欠であると考えるシュミットは、このような「内在性の哲学」に甘んじることはできなかった。

では、ヘーゲル哲学に立脚したマルクス主義的社会主義の場合、独裁をどのように基礎づけているのか。マルクス主義には、共産主義革命の過程でプロレタリアの独裁の時期を必要とするという、「プロレタリア独裁」論がある。だがシュミット的な決断の思想からみれば、ヘーゲル的な弁証法的発展の思想に立脚した「マルクス主義の独裁の思想」には、固有の矛盾があった。内在的な発展の思想と独裁の思想は根本的なところで相容れない。独裁は本来決断の契機を含み、「発展の継続的進行」を「中断」し、「有機的発展」に対し外部から「機械的に侵入」するという特徴をもっているが、マルクス主義によって弁証法的発展の枠組みのなかに組み入れられると、独裁の本質である決断の契機を奪い取られてしまい、独裁としては骨抜きにされてしまう。独裁は「直接性」を本質とするが、科学的社会主義を自任するマルクス主義においては独自の「科学」によって媒介されており、「直接性」の表現としては限界があった。

マルクス主義の弁証法的発展の論理においては、独裁による中断も発展をさらに促進するための否定的契機として発展の内部に組み込まれてしまう。独裁は内在的な発展の外部から例外として立ち現れるわけではなく、弁証法的発展の世界において、道徳的に基礎づけられた「あれか、これか」の決断は占めるべき場所をもたない。

マルクス主義的社会主義には、いままさに決定的な対立の瞬間であり、いまこそ革命に向けて蜂起するときであるのか、あるいはまだそうではないのかを――厳密な意味でそれを判断する科学的根拠は存在しない――決断するという契機が含まれているという意味では、シュミットのいう政治思想の資格があるわけだが、その決断もやがて発展に組み込まれていくという意味では発展を超越することはできず、発展の過程や流れに身を任せているという面があり、政治思想としては問題を残すことになった。政治における神学的なものの重要性を説くシュミットは、神学的なものや外部を否定する、世俗化した内在性の哲学やそれに立脚したマルクス主義を肯定することはできない。

革命的サンディカリズムと神話

前段で議会主義とそれに対抗するマルクス主義的社会主義を取り上げてきたが、いずれも合理主義的立場に立ち、その合理主義の性格にちがいはあるにせよ、知的学問的認識を重視する点では共通していた。これに対し議会主義を批判する非合理的な思想は、そうした認識を必ずしも否定するわけではないが、それよりも生命力なり感情の力、あるいは本能の力を重視する点で、議会主義やマルクス主義とは著しい対照をなしている。シュミットはこうした一群の非合理主義的思想の基礎に「具体的生の哲学」をみている。

同時代の議会主義批判として、シュミットはフランスの社会思想家ジョルジュ・ソレル（一八四七―一九二二）の「神話論」に注目した。とりわけ『暴力論』（一九〇八）において展開されたソレルの神話論は、ピエール・ジョゼフ・プルードン（一八〇九―一八六五）やミハイル・バクーニン（一八一四―一八七六）、そしてアンリ・ベルクソン（一八五九―一九四一）らの思想的系譜に位置している。この系列の議会主義批判は、マルクス主義の場合とちがって、非合理主義に依拠していた。非合理的な「具体的生」の立場に立つプルードンやバクーニンのアナーキズムは、「個別的な生の豊かさ」を何よりも重視し、それを抑圧する「画一性」なり「統一性」、あるいは「体系性」の立場すべてに闘いを挑む。なかでも「神と国家という包括的体系」、「啓蒙主義」の理性による「統一性」、現代民主主義の「同一性」という立場は、「個別的な生」、「具体的な生」の立場からみれば、専制的で抑圧的であり、とうてい受け入れられるものではなかった。

他方でまた、「画一性」や「一元主義」は独裁の立場に必要な要素だったから、マルクス主義の「プロレタリア独裁」も不可避的に「組織的な圧制」や「機械的装置」を、あるいはまた「軍事的・官僚制的・警察的な機構」を生み出すことになり、いずれにしても知識人とイデオローグの支配に帰着する。こうしてシュミットのいう「具体的生の哲学」は、議会主義的な媒介の立場と対抗するだけでなく、マルクス主義の独裁の思想とも対立する。

プルードンやバクーニンはあらゆる形式の体系的統一に叛旗《はんき》をひるがえし、近代国家の中央集権制や、官僚制、軍隊や警察、議会主義的職業政治家などと対決した。ソレルもこの伝統の上に立って神話の理論を展開している。蜂起すべき歴史的瞬間が到来しているか否かを判断する基準や活力は、合理的認識の立場によっては与えられず、「神話」のなかにのみ存在する。自由主義的な討論はもちろんのこと、マルクス主義の弁証法的発展の思想でさえ、大衆をゼネストに駆り立てることはできない。

偉大な神話が生まれるのは推論や合理的考察によってではなく、「純粋な生の本能の内奥」からであって、神話こそが大衆を熱情に、道徳的決断へと駆り立て、暴力行使のエネルギーを大衆に与える。「本能」の深みから「神話」は生まれ、また逆に「神話」は「本能」に強く働きかけることができる。熱狂した大衆の「自然発生性」から生じるゼネストのような「創造的暴力」は、マルクス主義の独裁とは根本的に異なっている。「本能」に根ざしている点で、「神話」は「ユートピア」とも区別される。ソレルにとって、マルクス主義の「ユートピア」は合理的に構成されたものであり、そうした知的構成物の画一性は、あるがままの、直接的な、個々の「具体的生」を抑圧するだけでなく、その影響も表面にとどまり、大衆を熱狂させ、そのエネルギーを行動へと駆り立てる力をもたない。

これに対し「神話」は知的に構成されるまでもなく、本能から生まれてくるものだけに、人びとを心底からとらえ、殉教や決戦に駆り立てること、つまり、おのれの生命を進んで捧げるよう誘うだけの力をもっている。「神話」の具体的な例としては、古代キリスト教の「最後の審判」への期待や、フランス革命における「革命的自由」への信念、などが想定されている。マルクス主義の「階級闘争」や「自由の王国」も、場合によっては「神話」となる可能性をもつ。

シュミットはとりわけ現代における「ネーションの神話」や「民族の神話」の意義に注目している。かれによれば、ロシア革命においても、「階級闘争の神話」より「民族」の神話の方が大きなエネルギーを動員できた。この点イタリアのファシズムも同様である。ロシアの場合とちがって、とくにアングロサクソン系の自由民主主義が浸透していたイタリアにおいても「民族的神話」が勝利したことは、議会主義の正統性が失われたことを明らかにする事件だった。

それゆえに、ソレルによって「神話」の担い手とされた「産業的プロレタリアート」の社会主義的大衆とは、マルクス主義の意味での工場労働者であるというより、むしろ大衆一般、それも戦士的な大衆を意味している。大衆の具体的な現実、具体的な生を出発点として体制に闘いを挑み、ゼネストにも参加し、闘いを厭《いと》わない戦士というイメージである。シュミットによれば、大衆の「具体的生」を知っているという点ではマルクスよりもプルードンの方が上であった。

階級としてのプロレタリアであるというだけでは体制と闘うだけの力が不足している。プロレタリアは戦士的概念なのであり、しかも非日常的に一時的に戦うのではなく、日常的に戦うことが必要である。シュミットによれば、マルクス主義には神話や本能に対する理解が欠けていた。ドイツの社会民主主義者エドゥアルト・ベルンシュタイン（一八五〇―一九三二）が改良路線の意義を説いて久しいし、また「労働者のブルジョア化」（テオドーア・ガイガー）にも言及されるようになった時代に、変革や革命の基盤なり動因をどこに求めるかは、社会主義運動にとってだけでなく、市民的改革運動や右翼急進主義運動にとっても切実な課題だった。元来非政治的なタイプの哲学者だったエルンスト・カッシーラー（一八七四―一九四五）も、ナチス体制成立以後に、ナチ運動を理解する鍵概念として「神話」に注目している（『国家の神話』）。

市民階級の非政治性を一貫して批判していたシュミットだが、かといって労働者階級に期待を寄せていたわけでもなかった。また法学者だっただけでなく政治思想家でもあったにしては、社会主義やマルクス主義を論じている場面は数少ない。『議会主義論』ではごく限られた視点からマルクス主義を分析しているが、同時代の知的世界で社会主義が熱く論じられていたなかにあって、シュミットの社会主義に対する姿勢に共感的なところはなく、むしろ冷淡なものであった。一九三〇年代初めに交流をもった保守革命派においても「社会主義」がメインテーマになっていただけに、かれは保守革命派とも一線を画していた。またかれ自身も属する教養市民層に期待をかけていたようにも思えない。では一体シュミットはドイツの未来社会の担い手として、社会のどの部分の人びとに期待を寄せていたのだろうか。

教養市民層からの疎外

マルクスは西欧のブルジョア的教養人であり、所詮「学校教師」タイプの人間にすぎなかった、とシュミットは言う。かれはマルクス以上に「学校教師」であった経歴をもつが、それでもマルクスやエンゲルスに言及するとき、かれらを教養市民層の系譜に位置づける。その一方で、かれらとの対比で、むしろ下層民、あるいは教養をもたない、素朴さの残る思想家や活動家の方に共感を寄せている。

『議会主義論』のほか、例えば『ローマ・カトリック主義と政治形態』(一九二三)において、「ルンペンプロレタリアート」を排除するマルクスの「プロレタリア」概念と、「国家のために犬死したかの永遠の兵士たち」や、「ブルジョア文明とは未だほとんど関係をもたない……偉大な賤民《せんみん》」たちからなる、バクーニンの「プロレタリア」概念とが対比され、そのうえで両者の間の教養の決定的な対立に注意を喚起している。ちなみにマルクスは「ルンペンプロレタリア」として、「あやしげな生計を営み、あやしげな素性をもつ、くずれきった道楽者」や「おちぶれて山師仕事に日をおくるブルジョア階級の脱落者」と並んで、「浮浪人、元兵士、元懲役囚、徒刑場から逃げてきた苦役囚、ぺてん師、香具師《やし》、たちん坊、すり、手品師、ばくち打ち、風琴ひき、(以下略)」などを名指しし、「あいまいな、ばらばらの、あちこちに投げ出された大衆」と総括している(『ルイ・ボナパルトのブリュメール十八日』)。

このように少なくともワイマール時代のシュミットは、序章でも指摘したように、カトリック系の下層中産階級の生まれであることから、プロテスタント的な教養市民世界、とくに教授たちの文化世界から疎外された意識をもち続け、それは反感となって表面化することもあった。教養市民的だったマルクスに見下された下層民への共感はここに由来するように思われる。

しかし下層民や「神話」の思想のインパクトに共感を寄せつつも、最終的には「神話」によって奮いたち、行動に打って出ても、かれらによっては現代の複雑な経済機構を運営できないことを指摘し、「神話」の思想に全面的に依拠するのは危険である、と「学校教師」らしいコメントを付さざるをえないのがシュミットだった。ここにも論敵を批判する際には鋭いが、では自分自身どうするかという点になるとその鋭さに見合う具体的方向を示しえないシュミットがいる。決断の思想家は必ずしも断固と決断できたわけではなかった。少なくとも一九二〇年代のシュミットは思想的には市民層や労働者階級からはっきりと距離をとり、教養人世界においても孤立した周辺人にとどまっていた。

しかし一九三〇年代に入ると、次第に現実政治での人脈も形成されるに及び、どの人物、どの人間集団と連携するかをめぐって、シュミット自身、態度決定をせざるをえない状況に入り込んでいく。

2　独裁の理論

これまでの叙述では、ワイマール時代におけるシュミットの政治思想のエッセンスを取り上げ、かれが自由主義的な民主主義を批判しつつ、独裁に注目していることを紹介してきた。次に、そうした政治思想・政治理論に基づいて、シュミットがワイマール共和国からナチス体制に暗転する時代の状況をどのようにとらえていたのかが問題になる。とくにかれの独裁論や自由民主主義論が、崩壊の危機に瀕したワイマール共和国末期の状況のなかで、どのような役割を果たすことになったのかが重要である。

本章の後半ではこの問題を、まずシュミットの『独裁』の叙述内容を（2節）、次いでワイマール共和国の末期にシュミットが大統領独裁をめぐってどう考え行動したのかを明らかにしたい（3節）。

選択肢としての独裁

シュミットによれば、民主主義とは一般に人民の意思を、現代では国民の意思を何よりも重視する思想である。学問的に導き出された結論に基づく政策と国民の望む政策（国民の意思）が異なっている場合でも、最終的には国民の意思の方を重視するのが民主主義的な考え方である。選挙と議会を通して国民の意思を把握する方法は自由主義的な民主主義に固有の方法だったが、民主主義はその方法についてはニュートラルである。それゆえ、議会主義的方法とは異なった方法、例えば国民の「拍手喝采」によるものであっても、それが国民の意思を反映していれば民主主義的だと言える、というのがシュミットの考えだった。その意味ではナチズムの運動もドイツ的な民主主義の一形態であるということにもなる。

『議会主義論』の理論的貢献の一つは、自由主義と民主主義とを概念的に区別した点にある。欧米諸国の多くや現代の日本でも憲法は自由主義的民主主義の政治体制をとっていることもあって、自由主義が民主主義を独占しているかのように思われ、民主主義は当然のように自由主義的であるという見方が常識になっているとすれば、シュミットの思想はそれに異を唱えるものである。独裁体制も国民の意思を反映するための一つの方法であり、しばしばその点で自由民主主義より優れている。独裁は民主主義と矛盾するものではなく、むしろ民主主義を前提としている。

繰り返し強調しておきたいが、独裁という政治体制はシュミットにとって否定されるべき体制ではなく、むしろポジティブな意味づけを与えられていた。かれはナチスに関してだけ例外的に独裁を認めたわけではなく、一般に独裁を重要な政治体制であると評価していた。シュミットがそう考えたのは、具体的問題に即して後述するように、当時のドイツの政治状況において「例外状況」的な問題がしばしば発生しているという、かれの状況認識によるところが大きい。それを〈ワイマール的問題状況〉と呼ぶとすれば、現代イタリアの思想家ジョルジョ・アガンベン（一九四二―）などはシュミットに触発された『例外状態』（一九九一）と題する書物において、今日〈ワイマール的問題状況〉がいっそうアクチュアリティを増し、現代的意義をもつにいたったことを歴史的に跡づけている。

独裁に関するシュミットの主な著作は、『議会主義論』のほかに、『独裁――近代主権論の起源からプロレタリア階級闘争まで』（一九二一、以下『独裁』と略記）、『大統領の独裁』（一九二四）などがある。これらの著作はいずれもワイマール共和国の前半期に発表されており、かれの独裁論は直接にはナチの独裁を念頭においたものではなく、かれが身近で見聞したミュンヘンでの革命政府をめぐる騒乱をはじめとする、ドイツ革命期の一連の危機的状況、さらにはロシア革命を意識した、実践的並びに理論的関心に基づいて執筆された。シュミットの独裁論はむしろプロレタリア独裁やワイマール憲法下での大統領の独裁に触発されて考察された著作である。

委任独裁と主権独裁

このなかで最もまとまった著作である『独裁』は、サブタイトルからも想像されるように、独裁をめぐる思想史、もしくは理論史的な研究である。プロレタリア独裁の概念がそうであるように、独裁とは特定の目的を達成するための手段であり、例外的に、やむをえぬ事情のもとでのみ導入されるべき体制だった。

独裁が必然的に「例外状態」であるなら、何に関して例外なのかが問題になる。シュミットによれば、民主主義が政治的理想として一般に認められている場合には、例外的に導入される民主主義的原理の棚上げ、つまり多数者の合意と無関係な国家権力の行使は、独裁と呼ぶことができる。より具体的な内容に立ち入って、人権や自由権のような自由主義的原理が規範となっている場合には、これらの権利の侵害はやはり独裁と言うことができる。すなわち、独裁体制が侵害する内容は様々であり、独裁は民主主義原理の例外にも、自由主義的原理の例外にもなる。いずれにせよ独裁とは何らかの規範の例外なのである。

独裁の本質は、「実現すべき規範の支配と、それを実現するための方法の間に」背反がある可能性に求められる。議会制民主主義はその規範である「人民の意思」を実現する方法として有効に機能しない場合、独裁によって一時的か永続的かはともかく、その機能を停止される。独裁による「法的状態」の「棚上げ」である。

こうした観点から、古代ローマに始まり、マキュアヴェリ（一四六九―一五二七）、ボダンを経て、クロムウェル革命、フランス革命、そしてロシア革命まで視野に入れた、いわば独裁をめぐる思想史的叙述が展開されており、それはそれで十分読み応えのある内容になっているが、本章では、独裁論を中心とするシュミットの政治思想が、ワイマールからナチへという同時代の状況の解読に対しどのような意味をもっているかをテーマとしているので、ここではまず『独裁』のキーワードである「委任独裁」と「主権独裁」の概念を取り上げることにしたい。

シュミットは古代ローマの共和政における独裁を例に「委任独裁」について説明をしている。共和国の危機に際し、立法部である元老院が時限的に、一名、もしくは複数の人物に全権を委任する場合、これが「委任独裁」にあたる。既存の体制を維持するため既存の体制の枠内で一時的に委任された独裁である。これに対し「主権独裁」の方はクロムウェルのイギリス革命や、フランス革命、同時代的にはレーニンのボルシェヴィキ革命を念頭においた、革命における独裁であり、ここで成立する独裁は、現行憲法に基づき現行憲法を一時的に停止するのではなく、これからつくられる憲法に基づく独裁であり、その意味で新たに憲法を制定する独裁であった。

憲法制定権力

主権独裁は憲法制定権力（die verfassungsgebende Gewalt）によって根拠づけられている。「憲法制定権力」については『独裁』のほかに『憲法論』にややまとまった叙述がある。憲法を定めるものは国民の政治的意思であり、それは「憲法制定権力」と呼ばれる。シュミットはそれにフランス語をあてている場合もあるが、ドイツ語ではこの場合の「権力」に、

「マハト（Macht）」（英語のpower）ではなく「ゲバルト（Gewalt）」があてられている。「ゲバルト」は文脈によって権力や実力と訳されることもあるが、「暴力」の意味で用いられる場合の多い言葉である。憲法制定権力という概念自体、普段は意識されないにせよ、法は原初的な暴力によって確立されたものであることを示している。憲法を制定する権力は「ゲバルト」であるが、憲法によって制定された権力は「マハト」なのである。

「憲法制定権力」については二つの見方が対立している。もともと「法」というものは存在＝事実をそのままのかたちでは認めないところに成立する。それはシュミットにとってヨーロッパの法に固有な特徴だった。その点では存在に対し当為の立場に立っていると言ってもよい。この立場をふまえた上で、さらに法を最終的に基礎づけるものは何かということが問題になる。その答えとしては、フランスのアベ・シェイエス（一七四八―一八三六）に代表される規範主義の立場からのものと、ホッブズに代表される決定主義の立場からのものがある。シュミットの同時代では、ハンス・ケルゼンとシュミットがそれぞれの立場を代弁している。「憲法制定権力」はいかなる規範によっても拘束されず、あらゆる法を超越した力なので、正統性を根拠づける必要はない。むしろそれはすべての法に正統性の根拠を与える源泉となるものである。

「憲法制定権力」の担い手として、シュミットは神、君主、人民（国民）、組織された集団を挙げているが、フランス革命以降はシェイエスなどによって、人民が新しい憲法制定権力の担い手とされた。シュミットにとって新しい担い手は人民というより国民だった。「国民」とは政治的行動能力のある政治的統一体としての人民を意味する。「国民」として実存しない人民は、人種的・文化的には合体しているかもしれないが、政治的に実存する人間の結合態ではない。フランスにおいて人民の憲法制定権力の理論が生まれたのは、それ以前にフランスが絶対王政により国家的統一体を実現し、国民が実存していたからである。

憲法によって制定されたすべての権能や権限は、この憲法制定権力に基づいている。政治的実存としての国民は、究極的には政治的組織に従属するものではなく、それ自体があらゆる力の源泉なのである。一九一九年八月に制定されたワイマール憲法はドイツ国民の憲法制定権力に基づいている。そしてワイマール憲法のみならず、憲法はその正統性根拠を規範におくのではなく、国民を担い手とする憲法制定権力の政治的決定に基づいている、というのがシュミットの基本的な立場だった。ワイマール憲法によって憲法制定権力は皇帝から剝奪され、君主制の原理は否定された。ワイマール共和国の誕生である。

以上のような観点からみた場合、ワイマール憲法における政治的決定は根本的に矛盾をはらむものであった。まずワイマール憲法自体の内容と特徴をみておこう。

3　ワイマール憲法と大統領制

ワイマール憲法

ワイマール憲法は、いまだ革命的な動きも収まっていない一九一九年二月からワイマールで開催された憲法制定議会において検討の結果、圧倒的多数の賛成を得て成立した。大統領の独裁に関するシュミットの議論を理解するには、ワイマール憲法についてもその基本的性格をおさえておく必要がある。大統領に関しては、憲法の第三章において、すなわち、第四一条から第五九条において、規定されている。立法府である議会は選挙で選ばれた議員による間接民主主義の原理に則っているのに対し、大統領は国民投票によって直接選ばれるとされていた。任期は七年で、国際法上国家を代表し、且《か》つ軍隊の最高司令官でもあった。ワイマール憲法は政党政治と議会制に基づく民主的な政治制度を支持し、同時に基本的人権を保障する詳細な規定を定め、当時世界で最も民主的な憲法だったとも言われている。

シュミットの独裁論に関連してとくに問題となるのは、大統領の権限を定めた第四八条である。第一条で「ドイツ国は共和国である」、つまり「国家権力は人民に由来する」と、人民主権の原理が宣言され、憲法と国家権力の正統性根拠が明らかにされている。第二条では

「国家（ライヒ）の領土はドイツの各邦国（ラント）から成る」と記されている。ドイツはプロイセンやバイエルンなどの邦国から成る連邦国家とされた。連邦を構成することによって成立するドイツ国家を表すものとして、ドイツで歴史的に用いられてきたのが「ライヒ（Reich）」という言葉である。神聖ローマ帝国と言われる場合、帝国にあたるドイツ語がライヒなのである。ビスマルクによって統一されたドイツ国家は、神聖ローマ帝国を第一帝国に擬し、第二帝政または第二帝国とも呼ばれるが、ここでの「帝国」にあたるドイツ語もライヒである。第二帝政の時代は皇帝の時代なので帝国と呼んでも違和感はないが、ワイマール共和国は文字通り共和国であることもあり、帝国と訳さない場合が多く、本書でも帝国とは訳さないが、ワイマール時代の用語において大統領は「ライヒの大統領」と呼ばれ、国立銀行も「ライヒの銀行」と呼ばれている。要は、共和国を構成する個々のラントではなく、国家レベルのことであることを示すのがライヒという言葉である。本書では煩雑さを避けるために、基本的にはライヒを省略して単に大統領と訳している。連邦国家であり、いまだ真の意味での統一を実現した主権国家であるとは言い難いという点に共和国の弱点がある、とシュミットはみていた。

憲法第四八条は五つの項目から成り、最初の二項目は次の通りである。

ラント中、ライヒの憲法または法律によって課せられた義務を履行しないものがあるときは、ライヒ大統領は兵力を用いてその義務を履行させることができる。

ドイツ国内において公共の安寧秩序に重大な障害が生じ、または障害を生じる危険のあるときは、ライヒ大統領は、公共の安寧秩序を回復するのに必要な処置を行い、必要あるときは兵力を用いることができる。このためには、ライヒ大統領は、第一一四条、第一一五条、第一一七条、第一一八条、第一二三条、第一二四条および第一五三条に定めた基本権の全部または一部を一時的に停止することができる。

ここまでが第四八条の前半にあたる。ここで公共の安寧秩序に危険な状況が生じたような緊急の場合に、大統領が停止することができるとされた基本権とは、個人の自由の不可侵性、住居の不可侵性、通信の秘密、表現の自由、集会・結社の自由、そして財産権の保障など、自由主義思想が歴史的に重視し、獲得してきた諸権利である。

第四八条の後半は前半で規定された大統領の権限を制約する項目にあたり、大統領は右の規定に基づき行った処置について議会に報告せねばならないことや、議会の要請があればその処置も効力を失うことが規定され、最後に「詳細は法律によって定める」とされている。ただし結局定められることはなかった。

ワイマール憲法は一方で自由主義的な議会主義の原則を掲げながら、他方において大統領に非常大権を与えており、議会と政府が対立したときには、大統領は両者の上位にある中立的な第三者として緊急の命令を発することができるとされ、議会の権限を制約してもいた。大統領には首相の選任権や議会の解散権も与えられていたが、一方で議会には大統領弾劾権や、大統領を罷免するために国民投票を発議する権利が認められていた。

大統領論

シュミットの『独裁』の用語によれば、ワイマール憲法を制定した国民議会は主権独裁にあたり、一九一九年八月の憲法の制定をもって、国民議会の独裁は終わりを告げた。憲法の制定当時、ワイマール体制は左右の急進主義的勢力の攻撃によってその存続さえ安泰とは言えない状況にあり、そうした反体制勢力から自己防衛するための規定が憲法におりこまれた。それが第四八条の大統領条項である。公共の安寧と秩序を維持する上で必要だと大統領が判断すれば、市民の基本権も停止できるという独裁的権力が、憲法によって大統領に付与されている。これはシュミットの言う「委任独裁」にあたる。大統領は憲法によって制定された、権威の源泉を憲法からのみ引き出すことのできる、そのような意味での主権者なのである。

大統領は第四八条に基づいて、立法措置であれ行政措置であれ、あらゆる措置をとることができるが、それでも憲法を停止したり、廃棄するような措置をとることはできない。その意味で第四八条に認められた「現行法を侵害する非常事態の措置」にしても「合法的に認められた例外」であるにすぎない。『独裁』の言葉を用いれば、それは法治国家的発展に組み込まれた「委任独裁」であり、「憲法の諸規定に対する例外を設けることによって全体としての憲法そのものを救う」(『大統領の独裁』)という独裁思想に典型的な手段でもあった。

シュミットの『憲法の番人』(一九二九)によれば、共和国の大統領はワイマール憲法に基づく「中立的仲介的権力」の担い手であり、「憲法の番人」の役割を与えられていると同時に、民主主義原理に基づき、議会における自由主義的で多元的な政党の支配、あるいは政党の乱立状態に対する対抗力となり、国民の全体としての統一性を保持する役割を担っている、と位置づけられた。言い換えれば、ワイマール憲法においては、国民の代表原理に基づく自由主義的な議会と、これとは異質な、国民に直接選ばれた大統領とが共存しており、憲法は議会制を全面的に支持しているわけではない。シュミットはワイマール憲法の根本的問題をこの曖昧さにみていた。

大統領内閣の時期

ワイマール時代の政党状況は、多党乱立の不安定な時代であり、特定の政党による安定的多数派は一貫して形成されず、国政選挙のたびごとに与党の組み換えが問題となった。それだけに、相対的安定期と言われる一九二四―一九二九年の時期を除けば、大統領による主権的決定や調停・斡旋《あっせん》がワイマール体制の存続に大きな役割を果たすことになった。ワイマール時代初期、革命や内乱の危機を回避するために、つまり、公共の秩序と安全を護るために、社会民主党の擁立した大統領フリードリヒ・エーベルト（一八七一―一九二五）は非常権限を何度も行使した。

エーベルトが一九二五年二月末に病死し、高齢で退役元帥だったものの、第一次大戦の英雄として人気のあったヒンデンブルク（一八四七―一九三四）が第二代の大統領に選ばれた。一九二〇年代の選挙において社会民主党は一貫して第一党の地位を獲得したものの、伝統的保守派のヒンデンブルクに勝てる候補者を擁立できなかった。このことがワイマール共和国の命運を決する上で、後に重大な意味をもつことになる。一九二〇年代後半は経済的にも政治的にも比較的安定期だったため、大統領の役割も控えめだったが、一九二九年にアメリカ発の経済恐慌の影響がドイツにも及び、一九三〇年に失業保険問題をきっかけとしてヘルマン・ミュラーによる大連立内閣が崩壊し、もはや議会において多数派を基盤とする内閣を組織できなくなると、大統領の役割はエーベルト時代に増して重要になった。ミュラーの後を受けたハインリヒ・ブリューニング（一八八五―一九七〇）以降の内閣は、議会内多数派の支えをもたず、民主的な基盤を欠いており、基本的に大統領の緊急権限にのみ支えられていたので、「大統領内閣」と呼ばれている。この段階で議会制民主主義は実質的に崩壊していると言うこともできよう。

ブリューニングからフランツ・フォン・パーペン（一八七九―一九六九）、クルト・フォン・シュライヒャー（一八八二―一九三四）の各内閣がそれであり、一九三三年一月三〇日に組閣されたヒトラー内閣も大統領内閣として成立した。パーペンとシュライヒャーの内閣はとくに議会内の支持基盤が弱体であり、民主的基盤を欠いた不安定な内閣だったので、いずれも短命に終わった。経済状況の悪化が続き失業者も六〇〇万に達しようとする一方で、台頭する左右の反体制政党が議会内の過半数を占め、さらに民間の「軍団」とも呼ぶべきナチ党や共産党の準軍事組織が勢力を増し、流血をともなう激しい街頭闘争を行うという危機的な状況において、共和国はいつ崩壊してもおかしくはない状態におかれ、遂にヒトラー独裁への道を切り開くことになった。しかし切り開いたのは確かであるにしても、大統領内閣がヒトラー独裁に不可避的につながったとまでは言えない。

この歴代の大統領内閣にシュミットは関わりをもつようになった。一九二〇年代には学者世界において有名だったにすぎないが、一九二〇年代末以降、大蔵官僚のヨハネス・ポーピッツ（一八八四―一九四五）や、軍部を拠点にヒンデンブルク大統領にも影響力を強めていったシュライヒャーらと関係するようになった。シュミットは、現実政治に影響を及ぼす立場に立ち、その憲法解釈や大統領論は憲法論の範囲を超えて政治的意味をもつようになった。この時期のシュミットの著作としては『憲法の番人』のほか、『合法性と正統性』(一九三二)、そして「全体国家」の成立を論じた二つの論文、「全体国家への転換」(一九三一)、「ドイツにおける全体国家の発展」(一九三三)などが重要である。とくに大統領内閣の時期に書かれた『合法性と正統性』はきわめて実践的意味合いの強い内容になっている。

ワイマール憲法の自己否定?

『合法性と正統性』を検討するに先立ち、同書が刊行された一九三二年八月の政治状況を一瞥《いちべつ》しておこう。一九三一年末にドイツの失業者は五五〇万に達し、経済危機は一段と深刻さを増していくという状況のなかで、左右の反体制政党が急速に勢力を伸ばしていった。一九三二年四月にヒンデンブルクが大統領に再選されたが、ヒトラーも候補者として善戦した。危機に有効に対処しえないブリューニングは失脚したが、その後権謀術数の結果、政治経験の乏しいパーペンがシュライヒャーの後ろ盾をえて首相の地位に就いた。その直後七月末に行われた国政選挙において、すでに国会内の第二党に上昇していたナチ党は、社会民主党を抜いて第一党に躍り出た。第三党だった共産党とナチ党を合わせると、反ワイマール体制の政党が過半数を制するようになり、ますます議会において重要な決定を下すのは難しくなった。ナチ党の準軍事的な闘争組織の突撃隊SA《エス・アー》が国防軍の四倍の人員を擁するなかで、内戦の可能性も語られ、ヒトラー政権が誕生しかねない状況になっていた。ワイマール体制は崩壊の危機に瀕していたのである。丁度この時期に、シュミットはパーペン内閣のフィクサーであり国防大臣だったシュライヒャーの憲法助言者になった。

こうした経緯のなかで、一九三二年八月後半に『合法性と正統性』が公刊された。同年八月以降のドイツの政治状況は国家の非常事態にあり、シュミットの言う「例外状況」が生まれつつあった。『合法性と正統性』は専門家向けの著作だが、ワイマール憲法を分析し、大統領内閣、とくにシュライヒャーの政治行動やかれの大統領内閣を理論的に正統化すると同時に、現状を法学的政治学的に分析し、大統領の果たすべき役割を明らかにした、きわめて政治色の濃い内容になっている。

シュミットはワイマール憲法の規定する議会制立法国家の機能主義的側面の問題点を指摘する。憲法第六八条は「議会制立法国家」を宣言している。「法と法律を、なんらかの内容と関連づけることなく」、その時々の議会における多数派の、その時々の議決とする、機能主義的な思想がそこで表明されている。法や法律、そして合法性はいかなる内容に対しても中立的で、それゆえ、いかなる内容も許容する「中性的」な手続とされている。純粋の機能主義は形式のみを重視し、内容には中立的立場をとり、いかなる「実質的正義」をも度外視するような合法性概念に立脚している。シュミットによれば、この立場は次の問題点に対してなすすべがない。

それは、多数派の横暴という議会制民主主義特有の問題である。多数を、つまり五一パーセントを獲得した支配的党派は、合法的権力手段をただ所有しているというだけで完全な優位を独占する。そのとき多数派は政党でありながら政党たることをやめ、国家そのものになってしまう。合法的な権力はすべてを合法的になしうるし、合法的権力の行うことに不正はありえないことになる。その延長線上で最終的には、合法的に「全合法性体系」が廃棄されることにもなりかねない。立憲主義を守ろうというだけではこの帰結を防ぎようがない。その危険性を増幅させているのが、反体制派の存在とその勢力増大である。ワイマール憲法のもとでは、機能主義的な憲法理解に基づき、憲法を否定する反体制派集団も、権力を獲得し体制を崩壊させる「平等なチャンス」を合法的に獲得できる、という問題である。そこでは議会制立法主義を排除するために議会制立法主義を利用することができる。明らかにシュミットのこれらの論点は、ナチ党と共産党が台頭し、いまやワイマール体制を解体しようとしている状況を念頭においたものである。

しかしシュミットによれば、立法国家にはそれ固有の思想的前提がある。立法国家に加わる以上その前提にまで中立的であることは許されない。権力掌握のための「平等のチャンス」は憲法の正統性を承認し、その基本原則に従う場合にのみ与えられる。例えば、ワイマール憲法は戦勝国から押しつけられたものであるとみなし、その正統性を否認したり、そこで規定された基本的人権を否定する集団にまで平等なチャンスは与えられない。それにもかかわらず、あらゆる主張内容を許容し「平等なチャンス」を与えるようなワイマール憲法の自由主義的議会主義は自己否定に陥る危険性がある、とシュミットは警告する。

大統領の役割――合法性か正統性か？

ワイマール憲法の問題点はすでに主著の『憲法論』でも取り上げられていたが、シュミットはここでその論点に立ち戻る。ヴェルサイユ体制を受け容れたワイマール共和国に批判的だったシュミットだったが、『憲法論』を執筆した時点では、制度的に難点があるとみなしていたとはいえ、共和国を受け容れるようになっていた。ワイマール憲法は第一篇の「ドイツ国の構成および権限」と第二篇の「ドイツ人の基本権および基本義務」とから成るが、第一篇は議会制立法国家の組織に関し価値「中立性」の原則に依拠して規定しているのに対し、第二篇は特定の価値原則に則って、基本権を保障しており、第一篇の価値中立性の原理にそぐわない、異質な内容の「第二憲法」というべきものである。その両者が共存しているところにワイマール憲法の最大の問題があった。一方で結婚や宗教信仰の自由、私有財産の保護を保障しておきながら、他方で同じ憲法においてそれらを排除する「合法的方法」を提供するのは憲法の構成上問題である、とシュミットは批判している。

ではどうすべきなのか。ここでシュミットは大統領の役割に注目する。大統領がワイマール憲法の実質的な内容にあたる第二篇を実現するという観点から、第一篇の規定する法と手続の問題は解決されねばならない。必要な場合には大統領が第一篇の一部の効力を一時的に停止する措置を講ずることも必要になる、とシュミットは重要な主張を展開している。

『合法性と正統性』を刊行した後にも、シュミットはシュライヒャーのブレーンとして危機に瀕したワイマール共和国の政治にかかわっていく。一九三二年末に向かって事態はさらに深刻化した。同年九月パーペン内閣のもとで議会が開かれた直後に提出された内閣不信任案は、五一二票対四二票という前例のない大差で可決された。その後行われた十一月六日の選挙でナチ党は後退したものの依然として第一党の地位を守り、共産党と合わせて過半数の勢力を維持したので、ワイマール体制が危機に瀕している点に変わりはなかった。共和国に否定的な政党が過半数を制する事態において、国会は憲法の規定により大統領の緊急令を無効にすることもできた。それゆえ大統領内閣に残された唯一の選択肢としては、議会を無視しつつ同時に権力を掌握し続けること、すなわち、「次期の選挙の公示「なし」の国会解散」

を行うという非常措置しかなかった（コルプ『ワイマル共和国史』）。しかし憲法は国会解散後、六〇日以内に選挙を行うことを義務づけており、選挙をそれ以上延期し続けるのは明らかに憲法違反だった。

この時点においてシュミットは、ワイマール共和国の法治国家的体制を擁護する立場に立って——とはいえワイマール体制とその憲法に問題点があるとは考えているわけだが——ワイマール憲法を一時的に無視するということは、いかにして法理論的に許されるのかという、法を超えた政治的問題に足を踏み入れていた。ワイマール共和国の最大の脅威はナチ党であり、ヒトラー政権の成立だった。議会において反体制派が多数を占めるなか、シュミットは、議会による政府の不信任決議や大統領緊急令の失効決議を無視する大統領宣言をヒンデンブルクに提案するも、受け容れられず、結局政局はシュライヒャー政権の崩壊とヒトラー政権の成立に向かっていった。

ワイマール共和国を擁護するためとはいえ、例外状況において合法性を無視することも視野にいれたシュミットの理論的模索が、問題をはらむものであったことは言うまでもない。

4 保守革命派への接近と全体国家論の展開

このようにシュミットはワイマール体制の深刻な危機に直面して、明らかにヒトラー政権の阻止に向けた理論活動を行っていたが、その一方でワイマール体制の崩壊を促進する方向でも活動していた。不安定なワイマール体制にとって、共和国の半分以上の面積を占めるプロイセンの社会民主党が率いる州政府は有力な支持基盤だったが、一九三二年六月に成立したパーペン内閣は翌月にプロイセン政府を強制的に罷免する暴挙に出て、共和国の崩壊は目前に迫ることになった。プロイセン・クーデタとも呼ばれるこの事件に関し、シュミットはパーペンの策謀を法的に正当化する役割を委ねられ、これを不当とする社会民主党側の政治学者ヘルマン・ヘラー（一八九一―一九三三）らと論争している。この時期のシュミットはワイマール体制の安定的存続を願っていたとは考えられず、ヒトラー政権を回避する動きに加担したものの、その一方で共和国をいっそう弱体化するパーペンの行動を支持してもいた。シュミットの立っている政治的位置はきわめて微妙なところにあった。

翌年一月末にヒトラー政権が成立すると、シュミットは手のひらを返したように政権寄りの著述を発表するようになる。それはワイマール時代のかれの政治思想や政治的状況認識の延長線上において理解できる面もあるが、やはりシュミットは一線を越えたという意味で変わったと言わざるをえない。だがこうしたシュミットの転身を取り上げるに先立ち、ワイマール時代末期のシュミットの活動を少し別の角度からみておくことにしよう。

保守革命派との接近

一九三〇年代に入るとシュミットは、政官界の人物との接触を始めるとともに、保守革命派とも接近を開始する。保守革命派の中心人物で作家のエルンスト・ユンガーや、雑誌『抵抗』に依るエルンスト・ニーキッシュ（一八八九―一九六七）、そして雑誌『ドイツ民族性』に依るヴィルヘルム・シュターペル（一八八二―一九五四）、雑誌『タート（行動）』に依るハンス・ツェーラー（一八九九―一九六六）などの人物と関係をもつようになった。

一九二〇年代のシュミットはユンガーとは異なり、保守革命派とほとんどコンタクトをもっていなかったが、現実政治に関わりをもつようになって以来、一九三〇年にエルンスト・ユンガーと知り合ったこともあって、保守革命派との親近性を自覚したのかもしれない。シュミットの「全体国家」論にはユンガーの影響が読み取れる。保守革命派の雑誌のなかでワイマール時代末期に最大の部数を誇った雑誌『タート』のツェーラーやホルスト・グリュネベルクの政治的論文には逆にシュミットの自由主義批判や議会主義の批判からの影響が色濃く見られる。先に取り上げたシュミットの『合法性と正統性』の一部は『ドイツ民族性』誌やタート派の掌握した新聞「テークリヒェ・ルントシャウ（毎日展望）」にも掲載された。保守革命派の多くはみずからの雑誌に依り独自の集団を形成し活動していたが、シュミットはそういう活動とは距離をとっており、かれを保守革命派に含めるとしても傍系の人物だった。

保守革命はワイマール時代に活況を呈した右翼急進主義的な思想と運動であり、ナチズムの思想や運動と親近性があったこともあって注目されてきた。保守革命の思想と運動が盛り上がりをみせたのはワイマール共和国期においてだけであり、その意味で保守革命はすぐれてワイマール時代の特定の時代状況のなかから生まれた思想と運動として、一九一八年に始まるドイツ革命やヴェルサイユ体制に対する思想的反動という性格をもっていた。保守革命論は、一方では自由主義思想と対立し、時にはドイツ的社会主義を主張する場合もあるが、他方ではでマルクス主義とも対立し、その階級論には否定的態度をとり、多元的政党政治や階級対立によって分断された国民を、新たな政治的共同体に統合することを目指していた。

思想的にみて保守革命論はナチズムと重なるところが多かっただけでなく、個々の人物の経歴からみてもナチ党員だった者やナチに近かった者も少なくなかったため、第二次大戦後にはナチズムとの関連で批判的に問題とされ、またシュミットのみならず、ハイデガーやユンガーといった洗練された思想家の政治思想を理解する上でのキーワードとして、注目されたりもしている（クリスティアン・クロコウ『決断――ユンガー、シュミット、ハイデガー』及びアルミン・モーラー『ドイツの保守革命　一九一八―一九三二』）。シュミットも反ヴェルサイユ体制の立場からワイマール共和制に対してのみならず、共和国における国民の自由主義的な全体的動員にも批判的だったという意味では、保守革命派と接近する理由はもともとあった。しかし保守革命派に広く共有された「ナショナリズムと社会主義の統一」といった主張はシュミットには疎遠だった。

シュミットが後に刊行した論文集『〈ワイマール―ジュネーヴ―ヴェルサイユ〉に対する闘争における立場と概念』（一九四〇）は、ワイマール共和国期とナチ期のかれの理論と活動を的確に要約したタイトルである。「ワイマール」はワイマール共和国を、「ジュネーヴ」は国際連盟を、「ヴェルサイユ」はヴェルサイユ条約（ヴェルサイユ体制）を意味している。

戦勝国によって押しつけられたヴェルサイユ条約や、戦勝国の利害共同体である国際連盟に対するシュミットの激しい反発は、ワイマール時代以来のものである。とくに戦争に勝利したアメリカを含めた列強が、普遍主義的な国際法の名のもとに、勝者の正義をドイツに押しつけてくる事実に対し、ナショナリズムの見地からも激しい怒りを抱いていた。戦勝国の支配に対抗して、シュミットはドイツを真に独立した権力国家にたてなおすための理論的、思想的な基礎づけを行った。このような一般的志向性においては、シュミットも保守革命の思想的雰囲気のなかにいたと言ってよい。

すでにブリューニング内閣にも一定の関与をしていたシュミットだが、パーペン内閣に代わると、実力者だった国防大臣シュライヒャーのブレーンになった。首相になったパーペンの強行した「プロイセン・クーデタ」をシュミットが法的に正当化したのは先に触れた通りである。次のシュライヒャー内閣においても、かれはいっそう深まる国家的危機に際し、体制の存亡を賭けた政策の法理論的な基礎づけに大きくかかわっていった。

シュミットのほかに、保守革命派のなかで、とりわけ一九三二年後半になってシュライヒャーに接近したのがシュミットとも接触のあったタート派の人たちである。その主導者ツェーラーは一九二九年に雑誌『タート』を掌握して以降、幾多の巻頭論文において反ワイマール体制のラディカルな主張を展開し、とくに中産層の青年たちに体制の「外部にとどまれ」と警告を発したりしていた。経済状況の悪化と政治状況の混乱のなかで、混迷する青年や新中間的大衆の視点から現状を具体的に分析する一方で、既存の政治体制に回収されまいとする『タート』は、発行部数を飛躍的に伸ばし、一九三二年には保守革命派のなかで最も影響力の大きい雑誌になっていた。

シュライヒャーの横断政策

しかし同年の大統領選挙の頃になるとツェーラーは、流動化した社会的政治的状況の終焉を宣言し、政党政治の外部勢力を結集する「第三戦線」論を唱えるようになるが、これはシュライヒャーが策謀した「横断戦線」とも重なる主張だった。活発化する政治運動は所詮自由主義的な議会内部の出来事であるとされ、表舞台の議会の外部で活動し仕事に専念する「第三勢力」に期待がかけられた。ツェーラーなりの民主主義は、政治の表舞台で政治運動が活況化する背後で、官庁や地方自治体などにおいて実務に従事する権威主義的エリートと、政党に幻滅した民衆層との連携を目指していた。

シュライヒャーは、社会民主党とナチ党に結集した労働者やタート派の言う新しい中間的諸階層の人たちと、みずから掌握していた軍部との連携を考えた。タート派のツェーラーの活動を一九二九年から一九三二年初頭までの前期と、一九三二年中期以降の後期に分けるとすれば、前期のツェーラーはワイマール共和国の批判者として、自由主義的な議会の外部にいる匿名の国民大衆の動向に注目していたが、一九三二年に入りシュライヒャーと接触をもつようになると、反自由主義という枠組みのもとに、同じく議会の拘束から脱却しようとしていた軍部や官僚などの伝統的な権威主義勢力と中間層を中心とする国民大衆の連携を模索するようになる。ツェーラーは保守革命左派から保守革命右派に転向したのである。

社会民主党系だったが、この頃とかく党と反目していた労働組合、ドイツ労働総同盟の委員長テオドーア・ライパルト(一八六七―一九四七)と、ナチ党の有力な地位にある国会議員のグレゴーア・シュトラッサー(一八九二―一九三四)とに、シュライヒャーは期待をかけた。シュトラッサーはかつて党内左派のリーダーと目された経歴をもち、また失業対策として独自の雇用創出計画を発表して注目されていた。保守革命派の語彙を用いて、労働組合の「全体への順応と献身」を説くライパルトの演説が、タート派の新聞に掲載される一方で、シュトラッサーは政敵ライパルトの演説に好意的な反応を示し、かれに社会民主党からの離脱を要求した。かれらの間にタート派のツェーラーが介在していたと思われる。一九三二年十月から十一月にかけてシュライヒャーは、社会民主党やナチ党に揺さぶりをかけ、大統領政治の新しい支持基盤を獲得しようとしたが、この興味深い計画は、シュトラッサーが決断できなかったこともあって、結局失敗に終わった。シュライヒャー内閣が成立したのは丁度その頃のことである。

こうしたシュライヒャーの横断政策にシュミットは直接関係してはいなかったようだが、少なくともこの時期、かれの思想や実践が保守革命派の思想圏内で理解できる面をもっており、シュライヒャー路線に近いところにいたのは確かである。この時期のシュミットの理論展開としてとくに重要なのが「全体国家」論である。

全体国家の成立

シュミットはワイマール時代末期にヒトラー政権の成立を回避すべく活動していたものの、その数ヵ月後にはナチの新政権を支持し、ナチ党員にもなった。こうしたシュミットの転身を理解するには、かれがやはりこの時期に展開していた「全体国家」論をみておく必要がある。この論点は大統領内閣、とりわけパーペン内閣とシュライヒャー内閣の性格を理解する上でも重要である。『合法性と正統性』にも簡単な言及があるが、シュミットは論文「全体国家への転換」（一九三一）や、一九三二年末に講演が行われ、翌年二月に発表された「ドイツにおける全体国家の発展」などにおいて、当時のドイツを「全体国家」に変貌しつつあるととらえていた。

『政治的なものの概念』の第二版（一九三二）において、シュミットは十八世紀の絶対主義国家から十九世紀の自由主義的な中立国家を経て二十世紀には「全体国家」へ向かう、と述べている。全体国家は自由民主主義の進展の結果生まれてきた新しい性格の国家である。そこでは福祉国家の現実的基礎をなす行政国家的性格が強化された。

シュミットにとって、十九世紀は自由主義的立法国家の時代でもあった。そこではまだ規範性や普遍的理念に対する信仰が生きていた。かれは十九世紀的な自由主義的立法国家を特徴づけて、単なる掟に対し「規範」を、単なる欲求に対して「理性」を、盲目的無規範的な意志に対して「知性」を、また変転する状況に依存する措置や命令の単なる合目的性に対して「法の理念」を後ろ盾にしている、と述べている（『合法性と正統性』）。

だが、十九世紀後半以降、国家と社会は相互に浸透し、社会が自己組織化して国家になると、社会の利害対立はそのまま政治的対立になり、ここに多元的政党国家が生まれる。そうなると議会において人民の代表による自由な討論や交渉は成立しようがなく、議会は社会的利害によって多元的に分割され、統一体としての国家は衰弱し、立法国家の規範性は名目だけのものになってしまう。ワイマール時代はそのような時代だった。

例えば、ドイツの国民所得の分配は、自由主義の想定するような「自由市場の自己規制メカニズム」に委ねられるのではなく、国家の任務として行われている。従来は非政治的だったあらゆる領域を掌握するようになった国家は「全体国家」と呼ばれるが、その活動領域の拡大にもかかわらず、決して強力になったわけではない。その都度どうにか成立する議会内の多数派は統一体としての国家よりも支持母体である社会集団への忠誠を優先し、その利害の実現のために「合法的にできること」ならば、つまり、非合法的でないと主張できれば何でもやる、ということになりがちである。政治的統一性を失った「政党のカオス」の時代である。権力を通してみずからの所属集団の利害を実現するための手段として、「合法性」は最大限に利用される。こうして自由主義体制は自らの発展の結果、自由主義体制にそぐわない現実を生み出すという自己否定的発展をとげることになった。

二つの全体国家の対抗関係

その結果生まれたのが「全体国家」だった。シュミットが「全体国家」という場合の「全体」には、社会のあらゆる領域に〈介入する〉という面と、国家としての〈確固たる統一性〉という面とが含まれている。ヒトラー政権成立直前のドイツにおいて、自由民主主義的政治体制から生まれてきた新しい「全体国家」は、〈介入する〉という意味で「全体的」ではあっても、確固たる〈統一性〉を欠いているという意味ではいまだ真の全体性になっていなかった。論文「ドイツにおける全体国家の発展」はこの問題に取り組み、「全体国家」を「量的な全体国家」と「質的な全体国家」とに区別している。「量的な全体国家」は社会のすべての領域に〈介入〉するという意味では「全体的」だが、多元的な社会的勢力の圧力にさらされて〈介入〉しているという意味では、いまだ自由主義的な性格を残した、弱い意味での全体国家であるとされ、これに対し「質的な全体国家」の方は社会のあらゆる領域に〈介入〉する点では「量的な全体国家」と変わりないが、社会的勢力の圧力に屈することなくそれらを統一するだけの政治的力をもっているという意味で、「強い全体国家」であるとされた。

シュミットによれば、ワイマール時代のドイツ国家は、むしろ弱体な、いまだ量的な意味での全体国家であり、「弱い」がゆえに様々な政党や利害団体の要求に応じ（屈服し）、その結果、政治権力は衰弱して、事実上経済国家、行政国家になっている。社会的利害の多元化による「量的な全体国家」化の進行を背景に、一九三〇年代初頭の大統領内閣は運営された。ブリューニング内閣以降の大統領内閣において、憲法第四八条を根拠に、議会の決定に依らない大統領の緊急令による統治が比重を増した。その場合も政治的憲法的秩序の崩壊の危機に対応するためではなく、国政に対する議会の干渉を排除するために、とりわけ経済的措置をめぐって緊急令が多用され、議会の立法権は著しく侵害された。経済の計画化は不可避的な時代の流れだったから、ワイマール時代末期における「全体国家への転換」は、事実上「行政国家」や「官僚国家」への転換になった。

これに対しシュミットは、ドイツが今後進むべき、質的な、強い意味での全体国家を構想している。一九三〇年に発表されたエルンスト・ユンガーの「全体的動員」（「総動員」）論の影響も想定される、質的な「全体国家」とは、ユンガーもいうように高度に発展した技術的手段を意のままにして、国家と社会、国民のエネルギーを全面的に掌握し動員できる、強力な、質的な意味での全体国家を意味する。

シュミットによれば、元来あらゆる真正な国家は全体国家であり、しかも質的に強力な国家こそが真の全体国家であった。自由主義的規範主義的な国家による制約から解放された全体国家こそが、本来の意味で敵と味方を区別し決定することができる。だがワイマール体制においてその実現は不可能だった。『政治神学』以来、政治の行政化の進展を「政治的なもの」を抹消する時代の傾向であると批判していたシュミットが、行政国家であることを本質とする「量的全体国家」に転換しつつある共和国の現状を、肯定しなかったのは当然であり、主権者である大統領の役割への期待は高まらざるをえない。

ここに二つの「全体国家」論の対抗関係をみてとることができる。一方が自由主義的な全体国家論であり、シュミットの言う「量的な全体国家」、弱い意味での全体国家がこれにあたる。自由主義的な多元国家であり、社会集団の諸利害に翻弄される「弱い国家」は、一九三三年への転換期において、自由主義的な制約から解放された「強い全体国家」へ変革されねばならない。質的に強化された「全体国家」を担うのは大統領であり、それを支える軍部と官僚だった。その際民主主義の社会的基礎はシュミットの視野の外におかれている。そのような国家に変革されてこそ、技術の発展により解放された国民の膨大なエネルギーを結集し、確固として統一された政治的共同体を確立することも可能になる。シュミットは、「強い意味での全体国家」論の文脈において、当面大統領の役割に期待をかけていたものと推測される。市民階級にも労働者階級にも期待せず、知識人層にも冷淡だったシュミットが、結局のところ期待をかけたのは権威主義的な勢力だった。

このようにみてくると、一方でシュライヒャー路線に沿ってヒトラー政権の阻止の方向で局面の打開をはかっていたものの、シュミットの意識において、すでにヒンデンブルクからヒトラーへの距離はほんのわずかになっていたのである。

第4章　ナチス時代の栄光と失墜
——『国家・運動・民族』から『陸と海と』へ

1　ナチ・イデオローグとして

授権法の成立

ワイマール共和制の末期にはシュライヒャーに接近していたシュミットだが、一九三三年一月三〇日にヒトラー政権成立の報をカフェで知ったとき、日記には意外にも「興奮し、喜び、満足する」と記している。その後かれは、躊躇《ちゅうちょ》する間もないほどすばやく、新体制を支持し理論的にも正統化するようになった。このようなかれの転身の身軽さも、ナチの御用学者にして日和見主義であると言われたり、元来ナチ的だったのではないかと疑われる理由のひとつである。

露骨な反ユダヤ主義を標榜するナチス政権が成立したため、ユダヤ人を中心とする多数の文人、芸術家、知識人が亡命の道を選ぼうとしている一方で、五月にはハイデガーに続いてシュミットも入党し、みずから積極的にナチス体制に接近した。そしてまた、かれは従来の著作の新版（例えば『政治的なものの概念』）を出すに際し、新体制にそぐわない箇所の削除や修正をして、身の安全を図った。年末にはドイツで最も権威のある大学の一つ、ベルリン大学の教授の地位をえた。この時期の代表的著作には『国家・運動・民族――政治的統一体を構成する三要素』（一九三三、以下『国家・運動・民族』と略記）や、論文「法学的思考の三類型」（一九三四）などがあり、また後には「総統は法を護持する」と題された小論も発表している。これらはいずれもナチス体制を理論的に正統化するものである。

こうした活動によりシュミットはナチの「桂冠法学者」としての地位を確立した。この時期の著作活動の特徴は、あまりにも見事なナチへの転身振りにもかかわらず、思想家の片鱗が残っていたというべきか、かれの理論はすんなりナチズムに収まりきることはなかったという点にある。その意味で同じくナチの御用学者といわれるオットー・ケルロイター（一八八三―一九七二）とは異なり、ナチの側から見ればシュミットにはどこか信用できないところが残り、それが一九三六年以降の事実上の「失脚」につながっていく。

授権法（全権委任法）によるヒトラーの全権掌握を正統化したのが『国家・運動・民族』である。ヒトラーの独裁体制は短期間のうちに確立された。絶対多数の議席を獲得するために、ヒトラーは首相の地位に就くと直ちに国政選挙に打って出た。選挙期間中に起きた国会議事堂放火事件を最大限に利用し反対派の弾圧を強めた。その結果三月五日の国政選挙においてナチ党は圧倒的優位の第一党になったが、それでも議席数は二八八にとどまり過半数には達せず、社会民主党と共産党はまだ合わせて二〇一の議席を獲得した。ヒトラーは共産党を事実上非合法化し、中央党にも圧力をかけ、社会民主党以外の諸政党の支持をえて三月二三日に授権法を可決し、翌日に発効させた。

ナチ党はもちろん、シュミットもこの法律はワイマール憲法第七六条に則り、憲法上必要とされる三分の二を超える多数によって合法的に可決されたと主張しているが、実際には国政選挙や授権法の採決は民主主義的手法を大幅に逸脱した環境のもとで行われている。共産党はすでに事実上禁止され、社会民主党を除く諸政党はナチの露骨な威嚇の軍門に降《くだ》っていたから、授権法の採決が「合法的」に獲得された「民族的意思」であったというのは妥当性を欠く。しかしここでも、「合法性」の概念が正統化のために利用された。

「授権法」は全体で五条からなる。その骨子は立法権を国会から政府＝ヒトラー内閣に与えることにあり、政府の制定した法律は憲法に優先すること、法律の公布は大統領ではなく首相の権限であることを規定している。政府は国会に法令の報告義務もなく、国会の側で修正することも否認することもできない。このように授権法は国会と大統領の権力を骨抜きにし、政府の絶対的優位を確立し、事実上ヒトラーの独裁を法的に正統化する役割を果たすものだった。授権法の成立によってワイマール体制は最終的に終わりを告げた。

社会民主党の議員団長オットー・ヴェルス（一八七三―一九三九）は授権法に反対する演説を行い、次のように述べた。

国民の法＝正義意識もまた政治的力であり、我々はこの法＝正義意識に訴えるのをやめないだろう。ワイマール憲法は社会主義的憲法ではない。しかし我々はそこに規定された法治国家、平等の権利、社会的正義の原則に立っている。我々社会民主党はこの歴史的な時点において人類と正義、そして自由と社会主義の原則への信念を厳粛に表明する。授権法はあなた方（ナチ党員）に永遠で不壊《ふえ》の理念を殲滅《せんめつ》する権力を与えるものではない。

社会主義者としてヴェルスは、ワイマール憲法はいまだブルジョア的憲法であり、社会主義的な憲法へ変えていく必要があるとの立場に立っていたが、ナチス独裁が完成しようとする歴史的時点において、ナチのあらゆる妨害、威圧、脅迫にもひるまず、そのブルジョア的憲法に含まれている普遍的理念にコミットし、授権法に反対する歴史的な決断を公にした。しかし社会民主党の抵抗もこれが精一杯であった。

一方ヒトラーは授権法に賛成の演説をした。最後まで躊躇していたカトリックの中央党をすでに屈服させていたヒトラーは余裕たっぷりだった。ヴェルスの主張が正しかろうが、「すでに世界史は先に進んでいる」と豪語した。ここに新しい語法が登場してきている。ヴェルスの演説はヒューマニティの原理に則り、理性や精神、自由、正義といった、さかのぼれば教養市民的な語法に立脚していたが、ヒトラーはそうした使い古された言葉に代わって、新しさと古さを対比させる論法によって議論を組み立てている。

「古い」と言うとき、そこには時代にそぐわないというばかりか、時代に乗り越えられたという意味も含まれている。古い教養市民層的語法は「時代」にそぐわなくなっていた。これに対し「新しい」には、〈時代に適合的な〉や〈時代を先取りしている〉だけでなく、〈若々しい〉、〈活力ある〉、〈未来をはらんだ〉といった意味合いも込められていた。一九三〇年代に入ると、「古い／新しい」の対比は、「若さ」を讃美する語り口とともに、勢いをえてきた。シュミットもこうした語法に無縁ではなかった。授権法により権力はヒトラーに集中し、大統領の役割は名目上のものとなる。ヒンデンブルクが一九三四年八月に亡くなると、もはや大統領は選ばれることはなく、ヒトラーは国家元首として大統領を超えた存在になり、総《フュー》統《ラー》と呼ばれるようになった。

ヒトラー体制の正統化

では、ワイマール体制にとどめを刺す「授権法」を、シュミットはどのように正統化したのか。『国家・運動・民族』によれば、「授権法」制定の時点でワイマール憲法は正式に廃止されたわけではないものの、事実上もはや通用していないだけでなく、そもそもナチス体制にふさわしい憲法ではなかった。その意味でワイマール憲法を事実上否定する「授権法」を「暫定憲法」と呼んでいる。一九三三年三月に大統領の告示によってワイマール共和国の国旗掲揚が禁止されたのは、その象徴的出来事だった。その後授権法を足場に、ヒトラー政権は七月十四日には「政党新設禁止法」を制定し、ワイマール憲法の精神に反する立法を蓄積していくことによって、事実上ワイマール憲法を葬り去った。

シュミットによれば、授権法は直前の国政選挙において示された「民族の意思」を実行したものであり、しかもワイマール憲法の規定に則り「合法的」に可決されている。しかし、シュミットのナチス体制へのコミットは、政権が合法的に成立し授権法によって合法的にみずからの権力基盤を確立したという「合法性」にその根拠を求めたというより、むしろ政府の政治指導が絶対的に優越しているために「効力ある断固たる決定」が可能になった、という新しい事態によって正統化されている。ここにいたって、すでに有名無実と化していた「合法性」さえも脇に追いやられた。従来の古い自由主義的立憲国家においては、原則的に立法部である議会と執行部である政府とが分離されていたのに対し、新しいナチス国家においては政府が立法権も獲得し、立法部と執行部の分離という「自由主義的原則」を廃棄した。このようにして、総統ヒトラーの意志に反して議会が召集されることも、議員立法が提出される可能性もなくなったが、安定した政治的統一体が確立された利点に比べれば、それも問題とするには及ばないとされた。

そもそも同書自体ナチス体制を正統化するために書かれており、ナチスの立場に立たない限り数々の疑問が浮かぶ内容をもっているものの、おおむねそういう疑問には答えず議論を展開していく。ナチス国家は政治的統一体に不可欠な三分肢である国家と運動と民族を統合している点で、十九世紀以降の多元的に分裂している自由主義的で民主主義的な国家に優越している。三分肢のうち国家と運動は政治的であるのに対し、民族は非政治的である。国家と運動は、国家が政治的＝静態的部分であるのに対し、運動は政治的＝動態的部分である点で、区別される。

具体的に言えば、三分肢の一つとしての「狭義の国家」は軍隊と国家公務員からなる官庁制度を意味し、運動としては「党」を想定している。ただし「自由な募集」を原則とする自由主義的な政党とちがって、ナチス体制における政党は階層秩序的《ヒエラルヒー》構造をもつものでなければならず、そのような新しい政党はナチ党以外にありえなかった。七月十四日に議決された

「政党新設禁止法」に、「国民社会主義ドイツ労働者党（ナチ党）が唯一の政党として存在する」と書かれているのはそのためである、とされた。なお「民族」としては地方自治や職能身分制が想定されている。

これらの三つの系列は同列にあるのではなく、国家と民族を担う「運動」が、他の二つ、国家と民族を「嚮導《きょうどう》する」という意味で優越している。運動を担うナチ党が他の諸政党、つまり断片化された個別利害の政党と根本的に異なっていると断定されているのみで、「国家と民族」を担っているという以上のことは言われていない。シュミットによれば、政治的指導の拠り所は党にあり、他の二つの秩序系列は党によって「浸透され嚮導され」なければならず、ナチス体制はナチ党による「一党国家」の独裁体制になる。このように同書においては、党によって従来の国民的分断が克服され、政治的統一が確固としたものになったということのメリットだけが一面的に強調されている。

ナチス体制において国家と運動（党）と民族は一体化され、国家＝運動（党）＝民族という事態が実現されたことの画期的意義が強調されており、もはやナチの「国民社会主義」の主張や政策がどう実現されたのかについて言及されることはない。真の意味の「国民」が形成され、従来国民的分断のもとになっていた、カトリックとプロテスタント、プロイセンと非プロイセン、貴族と市民、教養層と非教養層の間の対立がナチス国家において解消されたかのような語り口である（ヘルムート・クヴァーリチュ『カール・シュミットの立場と概念――史料と証言』）。ナチのイデオローグであることを鮮明にしたこの著書において、シュミットはナチの主張に沿って、三分肢のうち運動（党）の優位を主張しているものの、この論点は政党に対する国家の優位を想定している従来のかれの主張とそぐわない面もあり、後に問題視されることになる。

決断から具体的秩序へ

シュミットの思想的歩みは、しばしば帝政期の「規範主義」からワイマール期の「決断主義」を経てナチス体制のもとでの「具体的秩序思考」へ変わっていったとされる。この理解はシュミットの自己理解にも合致しており、かれが「法学的思考」の三類型として挙げている思考様式にも対応している。シュミットは長い学問的生涯の初期の一時期のみ、法の基礎に規範を想定する規範主義的立場に立っていたが（例えば一九一四年の『国家の価値と個人の意義』）、ワイマール時代には『政治的ロマン主義』においても『政治神学』や『政治的なものの概念』においても、すでに法の基礎に主権者の決断（決定）を想定する決断主義に移行しており、決断主義はシュミットの立場の代名詞のようになった。

しかし、一九三三年一月末のヒトラー政権の成立によって、決定的な政治的決断がなされた以上、もはや決断は不要になり、ナチス体制下で生まれつつある具体的な秩序に即して思考することが重要になった、とされる。シュミットによれば、授権法にしても、三月五日の国政選挙によって明らかにされた「民族の意思」を実行したという意味で、単なる法律を超えるものであった。

論文「法学的思考の三類型」（一九三四）においては、三類型の相互関係について次のように論じている。法学の「究極の観念」は「規範」、「決断」、「具体的秩序」のいずれかであり、それに応じて法とは規則である、あるいは決定なり秩序であると理解されるが、このうちどの観念が優位であるかは民族と時代の違いに応じて異なっている。ユダヤ人のように土地も国家も教会ももたず、「律法」のみによって生きる民族の場合には、規範主義的な思考が優位になるのに対し、中世のゲルマン民族（ドイツ）の思考様式には「具体的秩序」思想が貫徹していた。ただし本質的にそうなるわけではないから、相互の影響もあって、十五世紀以降、ドイツはローマ法を継受し、ローマ法の特徴である規範主義の影響を受けるようになった。また十九世紀になると、市民層による自由主義的な立憲主義の規範主義も受容されるに及び、ドイツの憲法思想はドイツ国内の諸問題の具体的現実から離れていった。その段階に対応する国家論が法治国家論だった。

一般に規範主義的な思考は、具体的な個々の事例の特性に関わりなく規範が妥当することを欲するので、個々の事例を超越する傾向にある。あるがままの事実を事実であるというだけの理由で承認するのではなく、あくまでも規範に照らし承認するか否かを決定する。一方、具体的秩序思想の場合、規範は現実の秩序を超越しておらず、それ自体秩序の一構成要素に組み込まれている。シュミットによれば、具体的秩序は「個人を超えている」のに対し、規範主義は「非個人的」であった。

他方で、法のさらにもうひとつの基礎である決断（決定）は「個人的」である。しかし、この決断という契機が問題である。シュミットはワイマール時代に特定の秩序の基礎に規範を想定するケルゼンらの規範主義を批判して、主権者の決断を対置していたが、いまや具体的秩序が決断と区別されて独立するとなると、秩序の基礎には一体何があるというのであろうか。具体的秩序が法であり、その基礎には秩序があるというのでは、法とはいいながらもそこには法という考えが成り立たないのではないかという疑問が生じる。言い換えれば、ヒトラーの決断を他の決断と比べて特権視できる理由は何かという問題でもある。シュミットの議論が答えなければならない最大の問題はここにある。

と同時に見逃しえないのが、いまや決断主義が過去のものとされたことである。決断主義者とも言われるシュミットだが、それによって本当に決断主義と訣別したのかどうかは疑問が残る。またかれが決断に代わって新たに「具体的秩序」という思想に依拠したとして、かれの理論はどのように変容するのだろうか。「具体的秩序」は「決断」と区別されるとなると、それは「決断」に基づくものではなくなり、過去より成長してきた秩序であり、現にいま妥当しているものであるということになる。こうした議論は、ナチス体制を正統化するだけでなく、みずからの体制へのコミットを正当化する意味ももつが、決断の契機を後退させたことは、ワイマール期のシュミット（前期シュミット）の政治思想の基礎が「決断」にあった以上、かれの政治思想を徐々に変えていく端緒となった。

体制からの疎外

ナチス政権の成立以後、体制を正統化する論文を続けて発表し、文字通り政権の御用学者になったシュミットだが、一九三四年の「レーム事件」で、かつて連携を目指したことのあるシュライヒャーらが粛清される事態に及び、身の危険を感じざるをえなくなる。

授権法により国会を無力化する一方で、社会の強制的同一化《グライヒシャルトゥング》を進めるヒトラーにとって、独裁体制の最後の仕上げとなったのが、一九三四年六月末から七月初めにかけて実行された「レーム事件」とも呼ばれる血の粛清だった。党内外の不穏分子を虐殺することによって、「ナチ革命」とも言われる強引な体制作りは最終的に完成をみた。ナチ党が政権を掌握するにあたって党内の準軍事組織の突撃隊ＳＡの果たした役割は大きかったが、国防軍とも対抗しかねないこの組織は、ヒトラーの全権掌握にとって障害であるばかりか、次第に危険になっていた。意を決したヒトラーは古くからの盟友だった突撃隊SAの指導者エルンスト・レーム（一八八七―一九三四）とその一派や、一九三二年末にシュライヒャー内閣結成に関係して党の分裂をはかった党内外の張本人として、グレゴーア・シュトラッサーとシュライヒャーらを中心に、多数の人物を殺害した。みずからに楯突くとかつての盟友でさえ容赦はしないヒトラーの暴力路線は、多くのひとを震えあがらせるに十分だった。

シュライヒャーに加担した過去をもつシュミットも怯えた人間の一人だった。事件後シュミットはいっそう政権にすり寄る姿勢をみせる。ヒトラーは七月十三日の国会でこの事件を正当化する演説をしたが、直後の八月一日付けの「ドイツ法律家新聞」にシュミットは小論「総統は法を護持する」を発表し、総統ヒトラーは「指導者原理」に基づき、「最高の裁判官」としてみずから法を創造するのだとして、レーム事件を正当化した。ヒトラーの行為は司法に服しているのではなく、「真の裁判権」を行使したまでのことであり、それ自身が「最高の法」である。ヒトラーは「裁判官」として突撃隊の裏切りを「処罰」したまでのことだ、というわけである。

そうまでするか、と気が滅入るような発言だが、シュミットの政権寄りの主張はこれにとどまらず、一九三四年には「ナチズムと法治国家」や「ナチズムと法思想」といった、ナチス体制を法学的に基礎づける論文も発表しているし、一九三六年には「ユダヤ精神と闘うドイツ法学」を讃美してもいる。

このように政権に寄与したシュミットだったが、それでもナチの法学者として安定的地位を享受できたわけではなかった。ワイマール時代のシュミットの政治思想はナチズムとの関係において両義的な意味をもち、ナチズムとの親近性も多々みられるが、相容れないところもあったし、そもそもヒトラー政権を回避する方向で動いていた前歴があった。ヒトラー内閣成立後、政権にすり寄った数多くの著作や発言にもかかわらず、ケルロイターのような法学者や党幹部から疑惑の目を向けられたのも不思議ではない。「ナチの桂冠法学者シュミット」という呼称は間違いではないが、いくら政権にすり寄っても、かれには不安が残った。

不安は的中し、政権側から〈御寵愛〉を得ようとする争いにシュミットは敗北した。ナチの幹部や、シュミットよりナチに近かったケルロイターやラインハルト・ヘーン（一九〇四—二〇〇〇）のような人たちによって、シュミットの前歴や主張が執拗に批判され、批判されればされるほどシュミットはナチ寄りの発言を繰り返した。しかし、とりわけナチの親衛隊SS《エス・エス》の幹部の疑念をはらせず、次第に役職を解かれていった。不安の増大するシュミットは一九三六年以降、次第にベルリン大学教授職へと活動を縮小していく。体制の安定したナチにとって、もはやシュミットは必要ではなくなっていた。

ワイマール期からナチ期にかけて主権者の決断という契機を政治の核心をなすものとして強調したシュミットだったが、後に「権力の前室」という概念を展開し、主権者の側にいてアドバイスできる地位を重視している（『権力に関する対話』）。主権者の〈御寵愛〉あればこそ「権力の前室」に出入りできる可能性もあったわけだが、ナチ時代の初期においてすらシュミットは「権力の前室」にいたわけでなく、せいぜい「前室」に出入りする人物に影響を与える可能性をもっていたというところであろう。

こうしてシュミットは一九三七年以降「御用学者」の第一線からは退いていった。それでも一九四五年の敗戦までベルリン大学教授の地位にとどまったのだから、自分がおそれるほど危険な思想家とみなされていたわけではない。学問の世界に「逃避」するようになり、時にナチからの距離をうかがわせるような叙述を残してはいても、ナチに脅威を与えるほどの内容だったとは言えない。かれは体制批判をしたわけでも、反ナチになったわけでもなく、執筆を禁止されていたわけでもなかった。ただ権力者側の〈御寵愛〉を得られなかっただけであって、かれが依然としてナチ的な思想家である点に変わりはなかった。それは後述するかれの「広域」論に明白である。

シュミットは時事論的にナチを論じる危険性を考慮し、ドイツの政治状況を直接分析するのを控えるようになり、それとともに、より学問的で、いっそう文明論的な方向に重点を移していく。具体的には国際政治や国際法に見られる「新秩序」、一種の地政学的観点に立った文明論、すなわち、ヨーロッパ国際法論や「広域（グロースラウム）」論、そして「陸と海」などを論じるようになった。こうした問題関心は、戦後の『大地のノモス』（一九五〇）において最終的に結実する。

このような変化を示す最初の本格的な著作が一九三八年の『ホッブズ国家論におけるリヴァイアサン』である。ワイマールからナチ期にいたる前期シュミットの立場はこの頃から変化をみせ、後期シュミットに移行していく。もちろん、だからといって、ナチの「桂冠法学者」だったシュミットの責任が免じられるわけではない。

2　後期シュミットの始まり――『ホッブズ論』の思想的意味

シュミットは学問的生涯の初めからホッブズの国家論に関心をもっていた。『政治神学』や『政治的なものの概念』にみられるように、ホッブズを自身の政治思想を支える重要な思想家とみなしていたが、意外にも主題として論じたことはなかった。そのかれがナチス体制のイデオローグとして事実上失脚した二年後の一九三八年に、論文「ホッブズと全体主義」

と著書『ホッブズ国家論におけるリヴァイアサン』(以下『ホッブズ論』と略記)を続けて発表していることは、学問的関心の変化のみならず、時局的実践的関心にも拠っている。『ホッブズ論』においてシュミットは、旧約聖書の「ヨブ記」に描かれた神話的象徴のリヴァイアサンとビヒモス(ドイツ語ではレヴィアタンとベヘモス)をキーワードに、ホッブズ政治思想の卓越した意義を説きつつ、その一方で、十八世紀以降ホッブズの「リヴァイアサン」が骨抜きにされていく過程を思想史的に叙述している。同書は、それまでかれの理論の中核にあった近代の主権的な領域国家の衰退を確認しているという意味で、後期シュミットの始まりを告げる書物である。

絶対的政治権力――「リヴァイアサン」と「ビヒモス」

シュミットによれば、ホッブズの『リヴァイアサン』(一六五一)の圧倒的なインパクトは、その書名によるところが大きい。ホッブズにとって「リヴァイアサン」とは、「最強の世俗的権力」である国家を、聖書の言う「最強の獣」に喩《たと》えたものであり、一方「ビヒモス」はピューリタン革命期に宗教的狂信と宗派主義によってイギリスを「破壊」した「アナーキーな状態」を象徴している。ではこの二つの怪獣の相互関係をどうとらえていたのか。ホッブズは、「リヴァイアサン」(国家)という怪獣が「ビヒモス」(内乱・革命)という怪獣を「抑え続けている」状態に注目する。かれにとって、国家とはその強大な権力によって持続的に「抑止された内乱状態」にほかならない。封建的等族（ドイツでは領邦議会を構成する諸身分《シュテンデ》）や教会のような他の諸勢力をみずからの圧倒的な実力によって抑え込む地上最強の権力を、「リヴァイアサン」という獣に喩えたが、実際にはそれが必ずしも安定的秩序をもたらすわけではなく、ビヒモスが潜在的に存在し活動を続け、絶えずリヴァイアサンを脅かしている。

では、ホッブズの思想体系において「リヴァイアサン」の意義はどこにあるのか。シュミットによれば、ホッブズは三つの側面から国家をとらえている。リヴァイアサンという神話像として、契約の代表者としての主権的人格として、そして霊魂をもった機械として、である。つまり、近代国家はリヴァイアサンであり、人格であり、機械でもあった。これらの側面は必ずしも両立できるわけではなく、歴史的にどういう関係にあったかが問題になる。近代化の過程、世俗化の過程を趨勢《すうせい》においてみれば、国家の人格的要素は機械化の進展を抑制できず、逆に機械化の過程に取り込まれていく。とくに十九世紀以降になると、国家はその存立基盤を世俗化され、次第に「技術的・中立的な道具」という純然たるメカニズムになっていく。

ホッブズの社会契約論の特徴は、国家を人民（臣民）の契約によって自然状態という無から生じたものととらえる際に、一方で契約をすぐれて個人主義的に理解しながら、他方で契約の結果生まれた国家が人民（臣民）に絶対的な権力をふるう、と理解した点にある。中世的共同体とホッブズ的国家を比較した場合、国内の基本法も国際法も著しく相違している。中世的共同体の場合には、違法な支配者に対する抵抗権が認められていたのに対し、ホッブズ的な近代国家は万物をその法律に服従させる「抵抗できないリヴァイアサン」であり、それに対抗する立場は原理的にありえない。国際法の場合も同様で、中世には存在した宗教戦争や内戦は消滅し、ホッブズ以降には国家間の戦争になる。国際法においては諸国家が「自然状態において」対峙していることを、最初に的確に論じたのはホッブズである。この状態において、リヴァイアサン像はすさまじい神話的迫力をもった。

その際、国家間の戦争を真理や正義を基準にして判断することはできない。国家の命令の正統性が保証されるのは、宗教的もしくは形而上学的に基礎づけられたその真理内容によってではなく、それが権威をもった国家によって決定されたためである。法律論のなかに他の真理観や正義観をもちこむと、新たに闘争や不安定さを生み出す。戦争を終結させるために必要なのは正義や真理を唱えることではなく、国家の決断だった。

ホッブズ以降、十八世紀にヨーロッパ大陸は絶対主義の時代になる。この時代に性格の異なる二つの過程が同時に進行する。一方では絶対主義的な国家権力が封建的等族や教会の抵抗を排除していくが、他方では「内と外」あるいは「公私」の区別と対立が進行していく。ホッブズの思想にはこの両面が含まれており、とくに前者はよく知られているが、シュミットは後者の面に注目する。

かれはホッブズの奇跡論を例にこの側面を解明する。ホッブズの「リヴァイアサン」は神・人・獣・機械の合成物として神話化されていたが、人間に平和と安全をもたらす代償として無制限の服従を要求し、「リヴァイアサン」＝国家の主権者は臣民が信ずるべき奇跡についても決定権をもっていた。ホッブズの時代に、奇跡の問題は神学的問題というより、現実的な問題だった。当時、触手による病の治療は君主の仕事と考えられており、チャールズ二世の触手を受けた人はたった四年数ヵ月の間に二万三〇〇〇名に及んだと言われている。奇跡信仰についてホッブズ自身は、ある事柄が奇跡か否かはわからないという不可知論の立場に立っていたが、真理ではなく権威を信奉するという信念に基づき、「奇跡とは国家主権が奇跡として信ぜよと命じるものであり、逆に国家がそれを禁じれば奇跡は奇跡でなくなる」とみなしていた。国家は奇跡と信仰までも支配する圧倒的な権力をもっていたのである。

近代主権国家の解体

しかし、主権の力がそこまで高まったまさにその時点で、ホッブズが「脇道」にそれてしまうことに、シュミットは着目する。ホッブズは牢固《ろうこ》とした個人主義者であり、奇跡を論じるに際して、いかにも個人主義的な「留保」をつけた。鍵となるのがホッブズによる「内的信仰」と「外的礼拝」の区別である。かれは、奇跡とは「私的」理性ではなく「公的」理性の問題であるとしつつも、思想の自由を根拠に、みずからの「私的」理性により「内面においてみずからの信、不信を決定することができる」と主張した。シュミットはこのホッブズの見方をかれの政治論の「破綻」とみているが、ホッブズの導入した内面的信仰と信仰の外的な表現との間の区別は十八世紀に広く受容された。何が真理かはわからないので、その判断は諸個人の内面に委ね、国家権力は外面的問題にのみ関わるべきである、とされた。こうした理解が十九世紀以降の中立的で非干渉的な、自由主義的国家論の源泉になった。国家権力の強制は「内的信仰」にまでは及ばないというホッブズの個人主義的留保が、やがて強力なリヴァイアサンを内側から解体していく端緒になる。

その際大きな役割を果たしたのがスピノザ（一六三二―一六七七）である、とシュミットは指摘する。『リヴァイアサン』にみられる「目立たない破れ目」が「最初の自由主義的ユダヤ人」の目にとまったという。ここでスピノザがユダヤ人であることを殊更強調している点に、シュミットの反ユダヤ主義が露呈している。

スピノザは『神学・政治学論』（一六七〇）において、国家権力は宗教を規制できるが、その際規制できるのは「外的礼拝」のみであるという、一見ホッブズと同じような議論を展開する。しかしシュミットによれば、スピノザはホッブズがうちたてた内と外の、あるいは公私の区別を「逆転」させてしまった。ホッブズは「留保」によって信仰の内部にとどまろうとしたのに対し、「ユダヤ人哲学者」スピノザは宗教の外部から「留保」をもちこんだ。ホッブズにとって大事だったのは平和と主権であり、個人の思想の自由は背後の「最終的留保」にすぎなかった。しかし、逆にスピノザは個人の原理をかれの思想体系の構成原理にすえ、平和と主権を単なる留保に変えてしまったのである。

「ユダヤ的実存」に由来するスピノザのホッブズからのわずかな転換が、後の時代の思想に大きな影響を与え、リヴァイアサンの運命を大きく変えた。十八世紀は内外や公私の区別が進んだ時代であり、絶対主義国家は一切を要求できるが、ただし外面だけであるという原則が一般化していくなかで、信仰は絶対的に自由な私的領域に移された。スピノザ以降この流れは、モーゼス・メンデルスゾーン（一七二九—一七八六）やユリウス・シュタール（一八〇二—一八六二）といった「ユダヤ人の哲学者」によって継承され、最終的に、ヨハン・ゲオルク・ハーマン（一七三〇—一七八八）は——かれはユダヤ人ではないが——すでにホッブズの「リヴァイアサン」は外的には全能だが内的には無力な権力になっている、と論じた（『ゴルゴタとシェプリミニ』一七八四）。シュミットはこれに続けて次のような印象深い言葉をつらねている（同書第五章）。

公権力がいよいよ公的となり、国家が内的信仰を私的領域に押しやるとき、一民族の心は内面への「秘めたる道」を辿りはじめ、沈黙と静寂の力が成長しはじめる。内外の区別の承認の時は、内面が外面を凌駕する時であり、そこですでに私の公への優位は決定的となったのである。公権力は依然強調され、忠実に尊重されるが、それはもはや単なる公的な、外的な力であり、内面の魂は抜けている。

シュミットによれば、私的内面性に依拠する運動の担い手だった秘密教団、薔薇十字団、フリーメーソン、敬虔《けいけん》主義者などは、いずれも国家の象徴であるリヴァイアサンと敵対していた。

こうして国家の主権的人格としてのリヴァイアサンは、十八世紀以降に内側から崩壊していく。しかし、リヴァイアサンの創造した国家はリヴァイアサンより長生きをした。生きのびた国家は、実質的には、専門的に訓練され円滑に機能する、官僚制的に組織された、軍隊・警察、司法・行政機構を意味し、機械という比喩にいっそうふさわしいものとなり、絶対主義の権力国家もいまや法的拘束を受ける「実定法の体系」になった。こうして、十八世紀におけるヨーロッパ大陸の絶対主義的君主国は、十九世紀のブルジョア的法治国家によって解体された。ブルジョア的法治国家は近代的な立法国家であり、「成文法典」に依拠して機能する「合法性の体系」である。国家は経営体として運営され、「合法性」が「正統性」とみなされるようになるが、その正統性意識にはもはや「内面の魂」が欠けている。

シュミットによれば、封建的等族や教会などの古い「間接権力」はいったん絶対主義国家によって圧伏されたが、十九世紀になると「間接権力」は政党や労働組合などの近代的な「社会的勢力」という形態をとって再び登場し、議会を通じて立法国家を占拠して、リヴァイアサン＝国家の崩壊を促進した。自由主義的な憲法体系がこれを正統化し、多元的で「自由な私的領域」を国家の及びえない領域として国家から切り離した。台頭する社会的勢力はリヴァイアサンと闘い、遂にその巨大な機械を「破壊」した。「相互に対立する多様な精神」がこの装置を操縦するようになると、立法国家の合法性体系も壊滅する。

こうして奇妙な事態が生まれてきたのが現代である。元来は自由主義的だった、例えば、議会のような制度や概念が「きわめて反自由主義的な諸勢力」の「武器と拠点」に変わってしまうという事態である。言い換えれば、多党制が「国家の神話的象徴たるリヴァイアサン」を壊滅させたのである。シュミットはその思想的淵源《えんげん》が、「国家と個人的自由」を区別したスピノザにあることをあらためて強調し、次のような意味深長な言葉を記している（同書第六章）。

個人的自由を組織した諸組織がメスとなり、そのメスをもって反個人主義的勢力がリヴァイアサンを切り刻み、その肉を分配した。かくて可死の神は再び死んだ。

ここにいう「反個人主義的勢力」とはどのような歴史的性格の勢力なのか。自由主義は個人主義者を担い手とするが、自由主義には「破綻」があって、そこを反個人主義勢力が占拠するようになり、遂にリヴァイアサンを解体した、それも二度、最初は個人主義によって、二度目は反個人主義によってである、というのである。そしてまた「反個人主義的勢力」とは何をさすのであろうか。反自由主義的なところのあるカトリック政党や社会民主党――ビスマルク（一八一五―一八九八）による統一国家では教会闘争や社会主義者鎮圧法によって周辺化されていた勢力――のような社会的勢力をさしているともみなせるが、ナチをさしているともとれる微妙な表現になっている。

『ホッブズ論』における以上のような近代国家の崩壊の認識と並行して浮上してくるのが、「広域論」に示される「ラウム（空間）」の思想と、「陸地」と対比された「海洋」の意義に関する認識である。これらはいずれも後期シュミットを特徴づける新しい考察である。

3 「陸と海」の世界史

「広域思想」の展開と「ライヒ」の概念

「陸と海」「ヨーロッパ公法」「広域」など、シュミットの展開する新しい論点は、ナチ期の後半にほぼ出揃ってくるが、それらの論点は、戦後の『大地のノモス』(一九五〇)においてまとめられる。その全貌については第5章にゆずり、ここではまず、この時期のシュミットの関心を示す論文「域外列強の干渉禁止をともなう国際法的広域秩序」(第四版、一九四一)の内容を紹介したい。

『ホッブズ論』で確認されたように、近代国家の崩壊とともに、近代の領域的主権国家をメンバーとする従来の国際法や国際秩序も変貌する。従来の国際法は「属人主義」を原則とする民族自決の思想を秩序原理としていた。しかし当時成立しつつあった新しい国際関係に対応するには、「属人主義」だけでは不十分であり、「属地主義」的な具体的「空間(ラウム)秩序」である「広域原理」に立脚した国際法を構築する必要がある。

では「広域(グロースラウム Großraum)」とは何か。「ラウム(空間)」にはもともと抽象的側面と具体的側面がある。シュミットはそれを、「一般的・中立的・数理＝物理的意味」（抽象的意味）と「具体的・歴史的・政治的」意味（具体的意味）と呼んでいる。かれの言う「広域」とは「具体的・歴史＝政治的」側面を重視した現代的な空間概念である。「広域」概念は国家に由来するのではなく、「技術＝産業＝経済＝組織的領域」に、つまり、産業経済の技術的＝組織的領域に由来する点でも現代的である。まだ個人主義的段階にあった十九世紀的資本主義を、技術に立脚した二十世紀的な資本主義が凌駕しつつあるという時代を画する現代的状況において、重要になってきたのが「広域」の概念である。

経済的＝技術的発展にともなう「広域」の形成を促進したのは、ドイツの場合、電気工業を中心とする第二次産業革命であった。二十世紀への転換期に始まり、第一次大戦、革命、ハイパーインフレ、フランス軍の侵入といった、危機の時期を乗り越えた一九二〇年代後半の「相対的安定期」に、ドイツ重工業のイニシアチブによって「広域」の形成は本格化する。電気・ガス導管網の広範な設置、エネルギー生産とその合理的利用など、計画経済が実施され、「技術＝産業＝経済秩序」の確立にともない、従来の小規模なエネルギー経済に特有の分離もしくは孤立状態という限界が突破され、「広域」が形成されていく。こうして「数理的」「抽象的」な空間概念の抽象性に具体的内容が与えられた。「広域」は現代社会から必然的に生まれ、近代の領域的な主権国家の枠組みを超えて形成されたものである。

このような「広域」を形成する発展傾向は、国際関係や国際法に対しどのような影響を与えているのか。当時、国際法はヴェルサイユ体制という「現状」を合法化し正統化する法的な手段に成り下がっており、それに代わる国際法にシュミットの関心は向けられた。「広域論」の理論的立場を基礎づけるのが「ライヒ」概念である（第3章3節も参照）。シュミットは中世の神聖ローマ帝国（ライヒ）の歴史的伝統を想起させる、主権国家を超えた「ライヒ」という独特な言葉を、現代の国際関係を理解する鍵概念として蘇らせる。

「ライヒ（Reich）」はしばしば「帝国」と訳されるが、シュミットは同じく「帝国」と訳される「インペリウム（Imperium）」や「エンパイア（Empire）」といった同類の言葉と「ライヒ」を概念的に区別している。「エンパイア」は民族を超えた世界や人類を包括する普遍主義的な概念であるのに対し、具体的秩序を表現する言葉である「ライヒ」は、本質的に民族的であり、したがって非普遍主義的である。ドイツ語の「ライヒ」は実際には具体的な領域を指す言葉として、例えば、善の国＝領域、悪の国＝領域、光の国＝領域、闇の国＝領域というかたちでも用いられ、ここで国＝領域と訳した原語が「ライヒ」にあたる。

またシュミットによれば、「エンパイア」の意味での帝国主義は十九世紀以降、資本主義的な膨張の帰結である植民地主義のスローガンになったのに対し、「ライヒ」概念はこのような「汚点」を免れている。「ライヒ」が成立するには一定の条件が必要である。「ライヒ」

は域外の列強の干渉を排除できるだけの「広域」をもつ強国でなければならないし、また広域の内部には特定の政治理念が遍《あまね》くゆきわたっていなければならない。政治権力と政治理念が「ライヒ」の存立を支えている、というのである。

シュミットは一貫して普遍主義的思考に批判的であり、「ドイツ・ライヒ」についても、西欧列強の「自由民主主義的、民族同化的」な普遍主義と、東欧のボルシェヴィズムの世界革命的普遍主義という二つの普遍主義勢力との対抗関係においてとらえ、「ライヒ」に体現されている「非普遍主義的」な「民族特有」の生活秩序を擁護している。十八、十九世紀の国際法は主権国家によって支えられ、原則的に国家だけが国際法の主体として認められていたのに対し、二十世紀の現代的な国際法は、「広域と民族と政治理念の結合」という国際法上の要件を満たす「ライヒ」によって支えられる。こうして十九世紀の近代的国家概念は、現代の「ライヒ概念」によって克服される、というのである。

西欧列強に主導された、当時支配的な国際法は、いまだ主権国家を単位としている点で時代遅れになっているだけでなく、アメリカや英仏といった「指導的大国」に牛耳られている不当な当時の政治的現実から目をそむけ、しかもすべての主権国家の法的平等の原則に固執し、主権国家間の実際上の質的な差異を考慮していないという点でも問題があった。こうして法的平等という擬制のもとに大国の利害が貫徹され、ヴェルサイユ体制のもとで敗戦によって弱体化したドイツは、西欧列強に屈服を強いられていた。

自由と平等という普遍主義的な主張は、先進国、西欧列強の利害を貫徹するための隠れ蓑に利用されてきたが、いまやこのような構造と欠陥をもつ国際法は「ヨーロッパ中部のひとつの巨大な政治権力」、すなわち、国力を回復した「ドイツ・ライヒ」によって粉砕されねばならない。国法学者としてシュミットのなすべき課題は、「広域」や「ライヒ」を鍵概念とする、新しい現実に適合した具体的な国際法を構想することだった。

かれがこのような問題を論じていたのは、オーストリアやチェコにヒトラーのドイツ軍が侵攻し、両国を併合する勢いにあり、ヨーロッパにおいて第二次大戦が始まった時期に重なっており、その現実政治的意味合いは明白だった。

ヨーロッパ諸国による陸地取得をめぐる戦争

シュミットは一九四二年、「わが娘アニマに語る」と献辞を添えた『陸と海と——世界史的一考察』を刊行している。小著だが、内容的には陸と海を中心とし、さらに空も含めた「空間(ラウム)」の観点から世界史を叙述したスケールの大きい書物であり、またそのサブタイトルはスイスの歴史家ヤーコプ・ブルクハルト(一八一八—一八九七)の『世界史的考察』(一九〇五)を想起させる。以前には、陸地における領域的な主権国家を軸に構想されていたかれの法政治思想が、海をも含めた新たな地平において展開されている。同書の問題意識は戦後の大著『大地のノモス』でもほぼそのまま受け継がれ、主張内容も深化をとげる。「広域論」にみられたラウム理論は『陸と海と』にも受け継がれている。歴史上の大きな変革は空間像の変化と結びついている場合が多い。アメリカ大陸が「発見」されて以降、十七世紀には世界航海の時代が始まったが、シュミットによれば、それは最初の「空間革命」の時代でもあった。地球の全体像が把握されただけでなく、地球の先に無限の宇宙空間が想定されるようになった。

抽象的に言えば「ラウム（空間）」ということになるが、具体的な場所の重視がシュミット的思考の根底にはある。かれによれば、すべての基本的秩序は空間的秩序である。国の憲法が重要なのは、それが基本的秩序、つまり「ノモス」という空間的秩序を成文化したものだからである。言葉自体は「法学的思考の三類型」でも用いられていたが、いまや「ノモス」は後期シュミットの法政治思想のキーワードとして登場してくる。

ギリシャ語の「ノモス」には、土地の取得、占領、そして（取得したものの）分割、分配、さらに分割して獲得された土地の管理、利用といった意味が含まれている。これら三つの意味は始源的な基本的秩序が形成される順序を表してもいる。土地という空間が取得され、次いで分割され、そして利用されるというプロセスである。このような意味で「ノモス」は、あらゆる法的で政治的な具体的秩序の基礎にある事態を指す言葉であり、「法律」という言葉に矮小化《わいしょうか》されてはならない。

こうした始源的（根元的）秩序が設定されて以降、大航海時代に全世界的にかつてない大規模な土地占取が行われ、ヨーロッパ諸国は、非キリスト教的な非ヨーロッパ諸国の土地と民族を、「所有者のいない財産」として扱い、最初の専有者の所有物として認めた。

当初、ヨーロッパ諸国はキリスト教の伝道という使命を掲げて占取し侵略したが、次第に宗教色をうすめ、ヨーロッパ文明の流布という命題へと、その使命を世俗化した。こうして非ヨーロッパ圏の土地に住む住民を支配する、ヨーロッパのキリスト教諸民族の利害共同体が生まれた。そこで考案された国際法をシュミットは後に「ヨーロッパ公法」と呼んでいる。この国際法はキリスト教諸民族と非キリスト教諸民族の、後には「文明化された」民族と「文明化されていない」民族の区別を基礎としており、前者によって後者が植民地（その住民を含む）として所有されることを正統化した。

世界史は土地占取の歴史でもあった。その際、一方でキリスト教諸民族の「文明化された」共同体が、仲間内でも血なまぐさい戦争を行っており、占領者である「文明化された」諸民族は対非文明諸国の取得をめぐって反目しあっていたが、他方でみずからの援軍として非ヨーロッパ諸民族を使うことに何の「良心のやましさ」も感じていなかった。

こうしてシュミットにとってみれば、キリスト教的ヨーロッパ国際法の核心は、非キリスト教的な新世界の分割とその正統化にあった。「発見」の時代、すなわちヨーロッパ人による土地占取の時代には、当時の先進国の、ポルトガル人、スペイン人、フランス人、オランダ人、そしてイギリス人が新しい土地の分割を求めて互いに戦っていた。土地取得をめぐるこのヨーロッパの戦いからドイツが決定的に排除されていたという事実にシュミットは注意を向ける。

植民地獲得戦争からのドイツの排除

「文明化された」諸国間の対立において、宗教の問題、とくに宗教改革が大きな意味をもった。宗教改革によってプロテスタントとなった諸国民は、やがてローマ教皇の権威を公然と否定するようになり、教皇アレクサンドル六世（一四三一―一五〇三）の勅令をたてに、大西洋を横切る分割線の西側で発見する島を自国領としていたスペインのカトリシズムと、オランダやイギリスのプロテスタンティズム、そしてフランスのユグノー派が対立していた。

十七世紀前半の三十年戦争を宗教戦争と呼ぶだけでは、その真の意味はとらえられない。三十年戦争はカトリックとプロテスタントの戦いであると同時に、「ラウム取得」をめぐる「文明化された」諸国間の戦いでもある。シュミットは「陸と海」という二つのラウム要因の対立という観点から、宗教戦争の外被の奥に見え隠れする真の対立要因を浮き彫りにする。以前の空間取得をめぐる争いはもっぱら土地の取得に関係しており、その戦いも陸戦だったが、三十年戦争以降の地球空間において、「確固たる陸の世界」から「広い自由な海の世界」が分離しはじめ、海のエレメントが独立の意義をもつようになった。それとともに、海洋国家イギリスの台頭と内陸国家ドイツの停滞という二つの新しい傾向が生まれた。

確かにドイツにもカトリックとプロテスタントの宗教的対立はあったが、それは「新しい土地の占取」にかかわって全世界的規模で存在した対立とは無縁だった。世界征服を目指すヨーロッパ列強の戦いは、当初カトリックとプロテスタントの宗教的対立から始まったが、やがて「ドイツの国内問題の頭上」を超えて、ジェスイット派(イエズス会)とカルヴァン派との、はるかに深刻な意味をもつ対立へと転換していく。

当時ドイツは新世界の占領を目指すヨーロッパ諸国の争いから除外されていたため、内部的必然性をもってではなく、外部から西欧列強の世界抗争の場にひきずりこまれた。ドイツの内部では、封建諸侯と貴族が、ジェスイット派でないカトリックとカルヴァン派ではないプロテスタント(ルター派)とに分かれており、みずからと関わりのない争いに巻き込まれるのを避けようとしていた。しかしそれには、国力と指導者の断固たる態度が必要であり、当時のドイツにはそのいずれもが欠けていた。こうして、ドイツは非キリスト教国の土地占取争いに加われず、その利権に関与できなかったにもかかわらず、自国には本質的に無縁な「海の彼方の土地占取戦争の戦場」になるという悲劇に巻き込まれてしまった。

　同じキリスト教国とはいえ、各国に定着していた宗教＝宗派の性質の違いという要因が重要な意味をもっていた。カルヴィニズム、ルター派、カトリックの比較というマックス・ウェーバーの議論ともかかわってくる論点がそこにある。ウェーバーはカルヴィニズム（プロテスタンティズム）の信仰と資本主義的発展の親和的適合性を解明したが、シュミットにとって重要だったのは、オランダの独立戦士であれ、フランスのユグノーであれ、イギリスのピューリタンであれ、かれらの信仰するカルヴィニズムは戦闘的で拡張的な外向きの宗教であり、当時始まりつつあった「海洋の時代」にふさわしい性格をもつ宗派だったことである。

海洋国家イギリスの台頭

　とくに、海洋国家であるオランダとイギリスとがカルヴァン派の時代に「符合」した。当時、陸の空間はすでに「一ダースばかり」の主権国家によって分割されていた。海の空間の方は「どの国にも属している」し「どの国にも属していない」と言われ、その意味で自由の圏域であるとされていたが、実際にはイギリスのみに属することになった。これに対しドイツのルター派は領土主義的で陸国化への傾向があり、したがって内向きで拡張的ではなく、海洋への進出に不向きだった。

『陸と海と』の主題はラウム取得の観点から陸と海の、とりわけ陸との比較における海（海洋）の意義を明らかにすることにあった。十六世紀以来ヨーロッパ諸国は陸戦に関して一定の形式、約束事をもつ国際法を考え出していた。国家領土に分割されている点に陸地の秩序の本質があったのに対し、海洋の本質は国家から自由である点に、つまり国家的な領土権に支配されない点にあった。シュミットはこの文脈で、イギリスを念頭におきつつ、「海を制する者は世界の貿易を制し、世界の貿易を制する者は……事実上世界そのものの所有者になる」というエリザベスI世時代に植民活動を行ったウォルター・ローリー（一五五二?―一六一八）の文章を引用している。

陸と海の違いに対応して、陸戦と海戦は根本的に性格を異にしている。陸戦にはヨーロッパ国際法が適用される。陸戦において敵として相対するのは戦争を行う軍隊だけであり、戦いに参加しない一般市民は、敵対関係の外部にある者とされ、敵とは扱われない。これに対し、ヨーロッパの国際法の規制外にあった海戦はすぐれて経済戦、貿易戦であり、敵国の貿易、経済に打撃を与えることを目標にしている。確かに海上での戦いも行われるが、海戦の典型的な方法はむしろ敵国の海岸を砲撃し封鎖することであり、陸戦とは異なり、戦っている相手だけでなく、敵国の国民のすべてが敵になりうる点に新しさがあった。

ナポレオン（一七六九―一八二一）がワーテルローの戦い（一八一五）に敗れて以降、イギリスの海洋支配の時代が本格的に始まった。それは自由な海と自由な世界市場の時代の始まりであり、イギリス帝国主義の世界制覇が始まった時期でもある。それはイギリスが海洋に進出し世界市場を制覇した結果ではあるが、同時にイギリスの経済的、産業的優位のおかげでもあった。その海洋支配を可能にしたのはカルヴィニズムの宗教と産業革命の進展である。蒸気船にせよ鉄道にせよ、種々の発明においてイギリスが他国に先行していた。偉大な海洋国家は同時にテクノロジーに立脚した機械国家でもあった。その意味でリヴァイアサンは巨大な魚から機械へと姿を変えていったのである。イギリスの海洋支配を可能にしたのは冒険心に富む水夫、漁業関係者ではなく、機械工業と結託した海運業者、貿易商人だった。

4　後期シュミットの展開

「自然成長性」への視野

イギリスを海洋国家であるという点で評価するようになったことは、『陸と海と』にみられるシュミットの新しい傾向である。陸地は比較的狭く限定され、権力による計画的統制も可能な空間であるという点で海洋とは異なる。一方海洋は自由な領域であり、自然に委ねられた領域だったから、不確定的な領域でもあり、計画的統制に不向きな空間だった。海洋へとみずからを開くことによって海洋という外部を吸収することに成功したことが、近代におけるイギリスの躍進の原因であり、海洋帝国を築きえた理由でもある。

こうした認識は、計画性や決断を重視する前期シュミットの政治思想の理解に関しても、新局面を開くようになる。とはいえ『陸と海と』の叙述では、この新しいシュミットの傾向はさしあたり近代イギリスに限定され、二十世紀以降にどの程度あてはまることになるのかについては、消極的な見方が散見するだけである。

しかしこの新しい視点は消え去ったわけではない。一九四〇年代以降の後期シュミットは、ワイマール期からナチ期前半に特徴的な、権力主義、決断主義の立場を捨てたとは言えないが、そこには組み込みえない自然成長性や不確定性への視野をもつようになり、ときに二つの立場の間を揺れ動くようになっていく。戦後の叙述を先取りして言えば、『大地のノモス』においても海洋のエレメントの評価は継続しており、例えば「海洋という要因へのイギリスの決断」は「概念的に明瞭な大陸国家の決断主義」よりも「はるかに大きく深い」ものであった、とされている。

西欧近代思想の流れにおいて、〈自然成長性〉を重視するのか〈計画性〉を重視するのかという基本的な対立軸を想定できるとすれば、前者に典型的に対応するのがイギリスの夜警国家であり、後者に対応するのがドイツやフランスの大陸国家＝権力国家だった。前期のシュミットにはほとんど見られなかった〈自然成長性〉への視野がここに開かれたことの意義はきわめて大きく、戦後の著作にも継続された新しい傾向である。

またここには「陸と海」の発想を超える新しい時代の予見さえ見られる。新しい技術の開拓は産業の発展と連動している。電気工業、電気力学が機械工業を圧倒するようになる二十世紀には、全地球的な空間革命の第二段階を迎え、陸と海に次いで「空」もしくは「大気」という第三の空間が視野に収められる時代が始まる。この時代の到来には航空機や電子工学、電気力学の誕生が対応している。第一次空間革命の後が近代化の過程であるとすれば、第二次空間革命以後の時代は現代化の過程である。電気や航空機、通信機の登場といったテクノロジーにおける新しい発展は、人びとの生活と空間観念を変革し、その結果、陸と海、そして空を含めた、最初のグローバルな空間革命の時代が到来した。例えば、航空機のような新しい交通手段の獲得は新しい武器の獲得でもあり、海と陸に加えて、「空」「大気」といった新しい「第三の次元」の征服が始められた。各国の放送局からは秒速のスピードで一瞬のうちに電波が地球をまわっている。第三のエレメント「大気」の登場に対応し、ビヒモス（陸）とリヴァイアサン（海）に次いで第三の神話的動物として鳥（空）の出現が予見されている。戦争の形態も重層化し、陸戦、海戦に加えて、空中戦が重要になり、民間人を含めた大量殺人を一挙に行うことも可能になった。

こうした「空間革命」＝現代化の過程は現在進行中の事態であったが、シュミットは第二次空間革命から以下のような重要な帰結を導き出す。海洋の時代を支配したイギリスの覇権は終焉を迎えざるをえない。陸の時代の凋落《ちょうらく》はいうまでもなく、いまや「陸と海の分割」の時代も終わりを告げ、それとともに海洋支配と世界支配のこれまでのような結びつきも失われる。こうしてイギリスの海洋取得だけでなく、「大地のノモス」も存立基盤を喪失する。多くのひとにとって、そうした事態は混乱や無秩序をもたらすばかりか、ときには「死と破壊」の到来、「世界の終末」さえもたらすものであった。

この意味で同時代（さしあたり一九四〇年代初頭）は転換期に特有の、もはやAではないが、まだBでもない、という時代にあたり、これまでの「尺度や基準」は衰退していかざるをえない。多くのひとはそこに混乱や無秩序をみたが、シュミットはそのような不安や悲観論に無縁だった。近代の海洋の時代に陸地化の傾向をもち、海を越えた植民地取得に遅れをとっていたドイツの出番がまわってきたのである。もはや重要なのは地政学的な位置関係や海洋化、陸地化の傾向ではない。空の時代には産業と結びついたテクノロジーの発展が世界史の帰趨を決定する。この文脈でシュミットは、一八九〇年頃から第一次大戦の始まる一九一四年に至る現代化の過程で、つまり機械的生産から電気産業、さらには電子工学の時代に転換しつつある時代に、「ヨーロッパ大陸の陸国ドイツ」がイギリスの優位に追いつき、分野によっては追い越しさえしたことに注意を喚起している。古い「大地のノモス」に代わって「新しいノモス」が生まれてくるというのが、シュミットの確信であり、そこでドイツがしかるべき役割を果たしうることを示唆して、『陸と海と』は終わっている。

新しい時代の到来か

同書の執筆時期は、前期シュミットから後期シュミットへの移行期にあたるが、後期シュミットの始まりにおいてすでに、シュミットにおける「前期―後期」の区分を無意味なものにしかねない新しい時代の到来さえも予見されている。予見通りになるとすれば、従来の「前期―後期」の区分に代わって、「前期―後期」のシュミットをまとめて「前期シュミット」と呼ばねばならなくなるかもしれない。

前期シュミットと後期シュミットを分ける根本的分岐点は、政治的秩序の形成に際して権力や計画を重視するのか、それとも自然成長性や自由を重視するのかにあった。しかし一九四〇年代初頭のシュミットの観点からみると、この二者択一は近代における根本問題ではあっても、現代における中心的な分岐点にはなりえない。現代の政治的対立や戦争の帰趨を決定するに際して、テクノロジー（技術）をどの国が、あるいは誰が制するのかが決定的に重要になる（「中立化と脱政治化の時代」も参照）。この歴史的局面においてドイツが、ドイツ・ライヒが主導的役割を果たすことを、シュミットは期待した。

しかしシュミットが期待したような時代がやってくることはなかった。世界大戦に突入したヒトラーのドイツは、当初の勢いにもかかわらず、スターリングラードの戦いでの敗北やレニングラード包囲戦の失敗によって決定的な後退を始め、遂に敗戦に至った。ヒトラーとヨーゼフ・ゲッベルス（一八九七―一九四五）は自殺し、戦争指導者は裁判にかけられ、ナチス体制下のホローコーストのユダヤ人大量虐殺も暴かれた。シュミットもナチスの犯罪に加担したという疑惑のもと、収監された。こうして、まことに注目に値するシュミットの問題意識はさしあたりペンディングとされた。当面シュミットは自己弁明と自己正当化に集中することになる。

第5章　第二次大戦後における隠遁と復権

1　敗戦と『獄中記』の弁明

敗戦と収監

ドイツの敗戦の直前、一九四五年四月にシュミットはベルリンを占領したソ連軍に一時的に逮捕されたが、取り調べの結果釈放された。しかし敗戦後には連合国によって法廷が設置され、シュミットを含めた広汎な人物がナチス体制下における責任をめぐって尋問を受けることになった。政府高官やゲシュタポ（秘密警察）の隊員など、ナチス体制の指導者たちは逮捕され、ニュルンベルクで裁判が開始された。それに先立ちアメリカ軍に逮捕されたシュミットは取り調べを受け、最終的な決定が下されるまで、一年以上にわたって軍の捕虜収容所に収監されている。戦争犯罪に加担したのか、人道に対する罪を犯したのかが問われた。長期にわたる取り調べのなかでシュミットは一貫してみずからの刑事責任を認めなかった。

政治家とちがって学者の場合、ナチの犯罪とその学問との因果関係は立証が難しく、おまけに尋問担当者はシュミットの理論や経歴についての理解が足りず、責任追及は甘くなり、結局不起訴になって釈放された。

とはいえ、かれがナチの「桂冠法学者」の地位にあり、体制を理論的に正統化するイデオローグだった事実は否定のしようもなく、ナチとの関わりの追及にきびしい、戦後のドイツ内外の状況のなかで、政治的にはもちろん、学界や知的世界一般においても復権を果たせず、故郷のプレッテンベルクで隠遁生活を送ることになった。獄中での思索の記録として一九五〇年に公刊されたのが『獄中記』(原題『救いは獄中から』)である。同書は自己省察の書であるという以上に、自己正当化の書だった。戦後四十年にも及ぶ著作活動や人生は総じて、おのれの活動の正当化、神話化に向けられていると言われるほど、活発に自己言及的であり、また自己弁護的だったが、それは同書や裁判での証言においてすでに明白だった。

『獄中記』は七つの小文から構成されている。敗戦後のシュミットの見解、所感、心境が表明されているが、ナチ時代の活動を念頭に自己弁明に終始しており、自己正当化へのシュミットのあくなき執念を感じとれる内容になっている。かれがそのためにもちだす鍵概念は、とくに「内面性の領域」と「公法学者」の役割の二つである。前者については「カール・マンハイムのラジオ講演に答えて」のなかで、後者についてはとりわけ「救いは獄中から」で取り上げられている。『獄中記』に収録された七つの小論のうち、とくにこの二つのエッセイをやや詳しく検討したい。

「内面性」への後退

『獄中記』によれば、一九四五年にカール・マンハイムはロンドン放送を通じて、ヨーロッパの大学を再建するには「学問の自由」が不可欠であり、その前提として「自己と異なったあらゆる集団・人格を自己と異なったままで理解しようとする基本的な知的好奇心」が必要である、と語った。もちろんそのような知的好奇心は学問のみならず、人間の生活全般においても重要な心的態度である。

ナチの時代には、「学問の自由」は認められず、その前提である「基本的な知的好奇心」もすっかり失われたとは言わないまでも、著しく阻害されていたはずである。しかしシュミットはそのような予断に反論し、ナチ時代に亡命せずドイツにとどまった研究者・学者、芸術家たちは、「当時の権力の拡声器を通じて語ったアナウンサー・解説者」にすぎなかった、という見方に強く反発する。ナチの「強制的同一化《グライヒシャルトゥング》」は徹底しており、そこから逃れ難く、学問の自由、精神の自由を守る余地がほとんどなかったというのは本当か、そしてまた、国外に亡命すべきだったのか、あるいはそうするのが望ましかったのか、とシュミットは反問する。

「学問の自由」の前提として「基本的な知的好奇心」（精神の自由）が必要であるというマンハイムの説は正しいにしても、「基本的な知的好奇心」を働かせるには、その前提として一定の生活の基盤が不可欠である。シュミットによれば、ドイツの国外に出るのは一つの選択だろうが、国外において生活の基盤を確保するのは容易でないし、幸い亡命して国外で「精神の自由」を得られたにしても、かれらのドイツ国内への影響力は低下してしまう。不自由な体制のもとでもいくばくかの隙間があって、多少とも精神の自由を確保できる道を探せるのではないか、それにナチス体制が長期に及ぶとは限らず、むしろ短命に終わると思っていたひとが多かったわけだから、いま少しの辛抱だと考えて国内にとどまるという選択をしたとしても、批難されるいわれはない。

シュミットも精神の自由を求めた一人だったかのような語り口である。かれはドイツにとどまり、積極的にナチ支配の旗振り役を務めていたが、その際にも「精神の自由」を保持していたというのだろうか。シュミットがとくに言いたかったことは、一〇〇パーセントの全体的な支配が成立しているかにみえるナチの「全体主義的一党体制」だからといって、そこに「精神の無条件屈服」しかありえないとみるのは、「表面に表れたもの」だけにとらわれた安易な見方であるという点である。

こと「学問」の場合、人為的に組織された「表面」だけの考察では不十分である、とシュミットが主張するとき、「表面」と区別された「内面性の領域」という、あやしげな魔術的言語が登場してくる。「表面」なり「外面」の徹底的な管理や支配が行われていても、内面と外面を含めた全体的な支配までが実現したわけではない。そもそも一〇〇パーセントの全体的支配など可能なのか、とシュミットは反問する。「精神の自由」を守るためには、ナチス・ドイツから亡命するという道しか残されていないわけではない。亡命した知識人に反発し、その批判から身を守ろうとしたシュミットは、ナチス・ドイツにおいてさえ、「ヨーロッパ精神」は「常に地下の隠れ家」を、「新しい形式」の、「新しい方法」による「隠れ家」を見出すことができたのだ、と主張する。これは教養市民層に根強く存在する見方で、エルンスト・ユンガーもこの「究極の隠れ家」(『労働人』一九三二)に言及している。

権力との関係で言えば、ドイツの教養市民層は一八四八年の市民革命における挫折以来、次第に弱体化し、その人文主義的理想主義はすでに大幅に後退して、ワイマール期を経てナチ期にもなると、瓦解してしまっていた。しかしシュミットによれば、ナチス支配の十二年間においても、「内面性」に基礎をおいたドイツ人の「個人主義」は根絶されずに存続していた。ドイツ人は組織される能力に優れ、画一化しやすいように言われているが、それはあくまで「前景」でのことである。その陰で「私的内面に隠遁しつつ、その時々の政府の命令は正確に順守するという隠秘な古き伝統」は失われてしまったわけではない。「外面」を重視する「実証主義者」も「内面」を重視する「敬虔主義者」も表向き「合法的」政府にはつき従うものの、かれらほど「内面と外面の分裂を両者の切断にまで極端化した」例はない。

こうして、教養階層の「外面的画一化《グライヒシャルトゥング》」が円滑に進めば進むほど、その「内面の全面的把握」はますます困難になる。かつて「個人主義」を目の敵にしていたシュミットが、いつのまにか個人主義に拠り所を求めて、ナチ時代の自己を正当化している。

私的内面性と自己正当化

戦後いちはやくシュミットのこの発言に注目した丸山眞男は、はたしてそれは精神の光栄なのか悲惨なのか、と疑問を呈している（『現代政治の思想と行動』）。研究者や芸術家たちも政治体制を自由に選べるわけでなく、他の人びとと同じように、さしあたってはその体制を受け容れるのが普通である。危険な印象はあっても、さしあたり「合法的に成立した」政権に従うのは不思議でない、とシュミットは弁明する。またもや「合法性」という魔術的な言語の登場である。

しかし現実のナチがそうであったように、「異常事態」や「内部のテロ」に威嚇される事態が発生するようになると、体制への忠誠の限度を決めなければならない状況に追い込まれる。場合によっては「内乱」に立ちあがり、「サボタージュ」を行い、「殉教者」になるという選択肢を選ぶこともありえよう。だがそうした行動に出るのも、おのずと「限界」があるのだ、とシュミットの弁明は続く。

このとき、ワイマール共和国末期には親交があり、後にヒトラー暗殺未遂事件に加担し処刑されたヨハネス・ポーピッツのことが、かれの念頭にあったのかもしれない。どうすべきであったのかは亡命者や外国人が決めるべきことではなく、「状況の犠牲者」に委ねるべきである。シュミットは亡命者を「犠牲者」から除外する一方で、「安全地帯」にいた亡命者に判断基準を求めてはならないと述べて、自分も「犠牲者」のなかに加えている。一時期は積極的にナチのイデオローグたろうとし、ナチス体制の内部においてであるにせよ「安全地帯」にいたシュミットに反乱者や「殉教者」にもなりえたかのような主張をする権利があるのか疑問ではあるが、一方「精神の光栄」のためというのであれば、丸山の場合、シュミットの望ましい選択としてどのような行動を想定していたのであろうか。

こうした主張はいずれもナチス体制崩壊後にシュミットが行った自己正当化の試みである。同時代の政治権力という「外面」に対応する「内面性」の世界は一義的に規定できるものではなく多義的である。全体主義的支配の時代にあっても「内面性」の領域は「多様な世界」であることは十分に可能である。内面性の世界にはつねに複数のわたしが存在する。ヒトラーに心酔したわたしもいれば、ヒトラーに批判的だったわたしもいる。「背後に潜む深淵」では何ごとも可能である。それはシュミットの言う通りかもしれない。その後の時代状況にあわせて都合のいいわたしが、あのときのわたし、本当のわたし、もともとわたしはこうだったとして想起される。「多様性の世界」の内面化は転向の精神的基盤にもなる。またシュミットのように「内面性」の領域を「外面」の世界から分離できると考えるのも幻想であろう。

公法学者の職務?

シュミットは「救いは獄中から」のなかで、国際法と憲法という公法領域の研究者であると自己規定し、法学者、とりわけ公法学者の職責の問題と関連づけて、みずからのナチへの加担をそれとなく説明している。

シュミットにとって第一次大戦以後の時期は世界内戦の端緒となる時代だった。十七世紀の宗教戦争の時代も内戦の時代であるという意味では、現在に対し同時代的だった。現在の国家間戦争においては、ヨーロッパ国際法の枠組みはすでに崩壊しており、内戦においても相手を「敵」として法的に枠づけるのをやめ、「敵」としてもっていた最後の法的権利さえ剝奪してしまう。ハンナ・アーレント(一九〇六―一九七五)が『全体主義の起原』(一九五二）で触れている大量の難民がおかれていた事態と、問題状況としては似ているところもある。法の名において法的な権利や保護を全面的に剝奪し、相手を法によって保護されない存在にしてしまうわけだから、相互の敵対感情は高揚し、戦争はかつてなく激化せざるをえない。

もとをたどれば十七世紀のヨーロッパの教養人の思考において、神学や形而上学が捨象された結果、「絶対性」の概念は世俗化し、彼岸から此岸《しがん》へ下りてきた。こうして、神学者に代わって法学者が政治的秩序の権威ある正統化を提供するようになった。この文脈でシュミットは、「神学者よ、黙っておれ！」というイタリアの法学者で「近代国際法学の創始者」、アルベリクス・ジェンティーリ（一五五二―一六〇八）の言葉を引用している。近代は法学者の時代として始まったのである。

ボダンやホッブズのような法学の「英雄」たちは神学者を追放し、内戦を脱して、近代的な法秩序を新たに基礎づける役割を担った。ホッブズは「法」の基礎に「保護と服従の相関関係」があることを指摘し、内乱に決着をつける実力をもったリヴァイアサン＝国家に保護を求め、その代償として国家に全面的に服従することを説いた。ホッブズ以降、とくに十九世紀になると、ヨーロッパは相対的に安定した自由主義の時代を迎える。法学者は社会に住みながら国家にも片足をかけて、大学などを拠点に安定した地位を享受した。シュミットは、神学者がかつて「宮殿」に住んでいたとすれば、法学者は「快適なホテル」に住んでいる、と社会における両者の位置を比喩的に対比している。

こうしていまや判断は人間に委ねられ、「法」は人間が人間のために制定した人為的な「法律」という内在的な世界に変貌した。宗教戦争直後の法学者の英雄時代、つまり、ボダンやホッブズの時代が終わり、十八世紀以降、官僚的・ブルジョア的時代になると、法学者の役割は控えめになっていく。だが法律家の役割がささやかであった一方で、とくに公法学者の扱う対象領域は一国を越えて世界につながり、国際関係へと広がっていった。十六、十七世紀の内戦の恐怖から、近代国家間のヨーロッパ国際法は生まれたわけだが、十九世紀末以降、とくに第一次大戦以降になると、このヨーロッパ国際法は急速に効力を失い、再び新たな意味で内戦の恐怖がリアリティを増してくる。

同じく内戦の時代といっても、ホッブズの時代が神学者の時代から法学者の時代への過渡期であったのに対し、シュミットの時代は法学の時代から技術の時代への過渡期にあたり、いまや法学者が退去を迫られているという点で、大きな違いがある。ホッブズは長い過渡期の発端に位置し、その末期に位置するのがシュミットだった。かれはヨーロッパ国際法（ヨーロッパ公法）の「最後の自覚的代表者」であると自己規定している。

歴史的にみて、法学の時代は神学と技術の時代の中間に位置していたが、「技術の時代」

になると法学者の役割はすっかり骨抜きにされる。法学は法実証主義に典型的にみられるように、「純粋な技術主義」の即物性のなかに取り込まれ、もはや語るべきものをもたない。丸山眞男やヤーコプ・タウベス（一九二三―一九八七）も注目している『政治神学』の有名な箇所で、シュミットは同時代のドイツ法学界の泰斗ゲアハルト・アンシュッツ（一八六七―一九四八）を批判している。「予算法に規定のない事柄に対していかなる措置をとりうるか」という問いに対し、アンシュッツは答える術《すべ》がなく、「国法学はここで途絶える」と言うしかなかった。かれにとってそれは「法的問題」でなかった。アンシュッツは、決定的に重要な問題に対し国法学が無力であることを正直に告白したわけである。

シュミットが法実証主義に対し例外と決断の思想を対置し、決定的な瞬間にナチス体制を支持する決断を下したことについては、第4章で触れた通りである。しかし『獄中記』ではナチ時代前半におけるその経緯については沈黙したままで、ナチス体制においてシュミットが内面的に疎外されていたという叙述になり、「内面性の世界」への隠遁の問題につなげられる。例えばかれは、自分の著作であることを伏せて『ホッブズ論』からの一節を引用している。「公権力がいよいよ公的になり、国家が内的信仰を私的領域に押しやるとき、一民族の心は内面への「秘めたる道」（括弧はシュミットによる）を辿りはじめ、沈黙と静寂の力が成長しはじめる」。まるでナチの政治から距離をとり「内面性の世界」に居場所を求めていたかのような叙述である。

また、このような弁明を補足するかのように、シュミットはハーマン・メルヴィル（一八一九—一八九一）の『ベニート・セレノ』（一八五五）やエルンスト・ユンガーの『大理石の断崖にて』（一九三九）といった著作を挙げ、その登場人物にみずからを託し、自分がいかに困難な状況におかれていたのかを強調している。

法学者はかつて「快適なホテル」に住んでいたとすれば、技術の時代には「石炭庫」や「バラック」に住んでいるようなものである、とシュミットは言う。かつて誇らしげに神学者に退場を迫った法学者が、いまや技術者と化した各分野のテクノクラートたちから「法学者よ、黙っておれ！」と命じられる番になった。近代とはヨーロッパ国際法の時代でもあったが、その発端と終焉の時代はいずれも内戦の時代だった。その発端では神学者が、その終焉期には法学者が沈黙するよう命じられており、「ヨーロッパ公法」の最後の代表者を自任するシュミットは、獄中の身分にも重ね合わせて、「いまは沈黙すべき場所であり、時である」とつぶやく。ワイマール時代において技術の精神とは闘う以外にないと述べたシュミットの勇ましい姿勢は影を潜めてしまった。

2　『大地のノモス』――『陸と海と』の展開

「陸と海」の観点や「広域論」、「ヨーロッパ公法論」などを中心として、ナチ期後半以降の問題関心の集大成となった著作が一九五〇年の『大地のノモス――ヨーロッパ公法という国際法における』であり、ワイマール時代の著作とは異なる新分野を開拓した内容になっている。『獄中記』をはじめとする敗戦後数年の記述や発言において、シュミットは一貫してナチ期の活動や思想に自己批判をしていない。その点にも対応してか、『大地のノモス』はナチ期の著作とも思想的なつながりがある。ナチの幹部や周辺のイデオローグの著作と比べれば、はるかに思想性豊かではあるものの、かれの理論は依然としてナチス路線との親近性を示している。

『大地のノモス』は全体としてみると、文明論的、あるいは歴史哲学的な枠組みから成り、人類史、世界史に関する独自の包括的議論を展開している。人類史をカバーしているだけに、時に断定的な叙述を含み、その全体的理解は必ずしも容易でない。『陸と海と』と重複するところもあるが、しかしナチ時代後半から始まる新しい研究の集大成であり、戦後シュミットの代表作であることはまちがいない。

視点——大地、海洋、ノモス

シュミット理論は、政治思想家のなかでも、とりわけホッブズに多くを負っている。ホッブズが国家論を構築するにあたって国家がいまだ存在しない「自然状態」という概念を設定し、そこでの人間的必要性から国家の存立を基礎づけているように、シュミットもまた始源的状態を想定し、そこから法の存在を基礎づけようとする。法の内部にとどまっていては法を基礎づけることができないので、かれは「陸地」や「海洋」といった地政学的側面に注目し、「陸地取得」や「海洋取得」、さらには「場所確定」といった概念を用いて法の基礎づけに着手する。

『陸と海と』から継承された視野の大きさとインパクトの強さはこうした方法にあらわれている。法を外部に開くとともに、法の「始源」(あるいは根元、原初)に暴力をみるという視点を鮮烈に示すのが、タイトルにも選ばれた「ノモス」の概念であり、この言葉によってシュミットは人類の始源的記憶に訴えかける。

「ラウム取得」については、陸地、海洋、空=大気の三つの段階が想定されている。第一段階は「始源的(elementar)」な土地取得の段階であり、第二段階は新大陸の発見に始まる、海洋をも視野に入れた、「第一次空間革命」の時代だった。この段階はイギリス帝国主義のヘゲモニーが確立された時代であり、主権国家の時代でもある。これに対し二十世紀は「第二次空間革命」の時代であり、空＝大気も視野に入れたグローバル化の時代でもあった。第一段階で確立されたヨーロッパの国際法（「ヨーロッパ公法 Jus Publicum Europaeum」）が二十世紀の今日、ユニヴァーサルな国際法にとって代わられつつあるという時代の傾向に、シュミットは危機意識を抱いていた。

その際、シュミットの立場はさしあたり、非ヨーロッパに対するヨーロッパの優位と、ヨーロッパ内部における、西欧に対するドイツの自己主張にあった。非ヨーロッパに対してはヨーロッパ文明の立場を支持するが、ヨーロッパの内部においては、先進的な西欧文明に対してドイツの独自性を、すなわち、ドイツ文化の自己主張をするという、ドイツの教養人には馴染の立場である。

一方ではヨーロッパの優位の法的表現である「ヨーロッパ公法」を熱烈に支持し、他方では西欧列強のヘゲモニーを確立したヴェルサイユ条約を激しく批判した。列強の支配を始源状態にまで遡って相対化できる視点として、シュミットは「ノモス」論を展開した。しかしこれは両義的であり、西欧列強の支配に対抗するドイツの立脚点にもなるが、ヨーロッパ諸国の支配に対抗する非ヨーロッパ諸国の立脚点にもなりえた。

シュミットの「ノモス論」は、西欧列強とアメリカによって構築された第一次大戦後の世界秩序は「ドイツ・ライヒ」によって変革されねばならないという志向性から生まれた。それは『大地のノモス』において、かれの世界史の哲学のラディカルな主要概念にまで高められた。「ノモス」は「法」であるというよりも、「ノモス」が形骸化したのが「法」である。「ノモス」とは法が法となる以前の始源的状態と、それが「法」へと制度化されていく過程を包括する用語である。法を成立させる力として始源的な暴力行為があり、ノモス論にはその厳然たる事実を明るみに出すという側面もあった。法は暴力によって生まれたという出生の由来を隠蔽するが、「ノモス」はそのような「法」の由来を明らかにする。

こうして「始源的」土地取得の時代のみならず、ヨーロッパによる非ヨーロッパの支配も、ヨーロッパ内部の国際関係も、始まりの時点において暴力行為が介在した結果である。暴力行為は人類史の始まりにおいてだけでなく、後の段階の「ラウム取得」の始まりの時点にも想定されている。『大地のノモス』におけるシュミットの基本的発想は以上のように総括できよう。

法は「大地」と始源的（根元的）に関係している。法の重要な始源的行為は「陸地の取得」であり、その結果法的問題が発生する。後の時代の都市や植民地の創設も「陸地取得」に基礎づけられている。かれによれば、一一五〇年頃の有名な「グラティアヌス法令集」でも国際法の基礎として最初に「陸地取得」が挙げられている。それは法を内部と外部に向かって基礎づける行為である。内部、つまり「陸地取得」を行う集団の内部では、取得された土地を区分し分割することが、最初の所有関係の秩序を創設する。外との、つまり集団の外部との関係についてみれば、無人の土地、無主の土地が取得された場合か、これまで承認されていた土地の所有者から奪い取られた場合のいずれかであり、いずれの場合にも法的問題が発生する。

陸地取得は最初の尺度を確定するものであり、利用可能な土地についての最初の測定と分配によって実現される。「開墾され耕作された土地」は区分されて分配され、持ち分が明白になるようなラインをもつ。土地の取得が法の成立する、したがって秩序の成立する始源的行為なのである。始源的に土地の所有関係が決まることをシュミットは「場所確定」と呼んでいる。陸地を抽象化して「ラウム（空間）」ととらえるなら、「ラウム」と法は、つまり、「場所確定」と秩序は一体化している。このような意味で陸地の取得が法の成立に論理的にも歴史的にも先行しており、あらゆる共同体なり統治体の始源には、多少とも陸地取得という出来事があった。

近代ヨーロッパにおいて、すべての陸地は、国家の領土と、「自由に先占できる土地」もしくは「潜在的な植民地」に区分される。これに対し海（海洋）は、元来集団によって取得できない、不確定で、自由な領域だった。海洋には境界や場所確定も、あるいは法や所有権も存在しない。「海洋」は「自由な獲物の自由な場」だった。国家との関係においてみれば、海洋は国家的なラウム秩序の「外部」にとどまっており、「国家領土」でも、「植民地的ラウム」でも「先占できるもの」でもなく、要するに、すべての「国家的ラウム権力」から自由な領域（ラウム）であるという、『陸と海と』で示された視点がここでも踏襲されている。

新大陸の発見とヨーロッパ公法の成立

シュミットは『大地のノモス』において近代ヨーロッパの国際法を「ヨーロッパ公法」と呼び、その画期的意義を繰り返し強調している。ヨーロッパ公法の成立に際しては、一四九二年に始まる新大陸の発見が大きな意味をもっている。それは、ヨーロッパの外部に視野を広げ、地球全体を視野に入れた「国際法的なラウム秩序」が問題となる出発点になった。国際法の主体はヨーロッパの領域的な主権国家であり、それらの国家の勢力均衡が達成されているというラウム秩序の成立がヨーロッパ公法、つまり近代ヨーロッパの国際法の成立する現実的基盤だった。ヨーロッパ公法の時代は新大陸の発見以後、十六世紀に始まって二十世紀に終焉を迎える。「法」は普遍的に妥当するのではなく「ラウム」に拘束されているのである。

ところで日本でも当然のことのように「新大陸の発見」などと言われるが、何を根拠に

「発見」したと言えるのか。「発見」された新大陸にも先住民はいたわけで、人類が到達したことのない土地ではなかった。スペイン人なりヨーロッパ人が新大陸を「発見」したと思うのは納得できるにしても、ヨーロッパからみれば辺境に住む日本人までが「発見」した、されたと言う「権原（Rechtstitel）」（法的に正当化される根拠）はあるのか。あるいはまた新大陸の先住民が未知のヨーロッパ大陸を見出したとして、その場合ヨーロッパ大陸が「発見」されたとは言わないのはなぜか。

シュミットは結局この問題を西欧合理主義の優越性によって説明する。「発見」は発見されたものの同意なしに行われているので、「合法的」であるとは言えない。コロンブスもその他の発見者も、「発見された君主たちの入国ビザ」をもって姿を現したわけではないことに、シュミットは注意を向ける。発見したひとの「権原」は合法性にあるのではなく「より高い正統性」にある。すなわち、「自己の知識や意識でもって発見されたものを把握するに十分なほどに精神的および歴史的に優越している」ということに「発見」できる「権原」があった。発見は「西欧合理主義」の業績であり、ヨーロッパ人が新大陸を発見したのは偶然でない。それゆえ、スペイン人がアズテク人やインカ人を発見したのと同じように、アズテク人やインカ人が逆にヨーロッパを発見したと考えることはできない。問題は「精神的優越性」がどちらにあるかに帰着する。

新大陸の発見とは、支配者であれ被支配者であれ、ヨーロッパ人にとって、陸地と海洋を含めた非ヨーロッパの巨大な空間が、先占と植民のための自由な空間として出現してきたことを意味する。発見された新しい「ラウム」は新大陸と海洋の二つだった。国際法の歴史は実質的に陸地取得に対応する歴史だったが、新大陸発見以降のある時期からこれに「海洋取得」が加わる。

海洋のラウムの発見を背景に、中世の国際法から近代のヨーロッパ国際法へと転換していく。中世ヨーロッパでは教会が正統性を独占しており、神学者が最も権威を享受していたが、近代の国際法において「神学的＝教会的な思考体系」から「法律学的＝国家的思考体系」へという重大な歩みが進行した。

この転換期に法学者ジェンティーリが、「神学者たちよ、汝らに関係ないことに口を出すなかれ」と言ったことをシュミットはここでも紹介している。「神学的なもの」に代わって「国家的なもの」が主要な関心事になり、その後二十世紀への転換期頃まで、ヨーロッパの国際法が、世界と国際関係の権威的解釈を提供した。国際法の主体は教会＝神学ではなく、国家＝法学になった。十七世紀に三十年戦争という多大な犠牲を払った後に、ヨーロッパの近代国家は確立していったが、その過程で内戦を終結させ、領域内部に秩序を確立すると同時に、公的な問題を脱神学化＝世俗化し、宗教的対立や正統性をめぐる対立を中立化した。

新しい国際法、つまり、「ヨーロッパ公法」においてシュミットがとくに重視しているのは、「非差別的戦争概念」の形成だった。主権国家相互によって承認された国際法において、国家は人格として代表され（擬人化され）、戦争も互いにその地位を認めあう人格相互の関係とされた。そして実質的正義をめぐる戦争は形式的に合法化された戦争に変貌した。「正戦の問題」から正統的原因の問題は切り離され、戦争は「法律学的＝形式的なカテゴリー」のもとにおかれ、形式化された約束事に則った戦争が正しい戦争であるとされた。戦争から道徳的＝規範的意味が剝奪され、戦争は一定の約束事のもとに行われるという意味で私的な決闘と似たものになり、戦争当事者である主権国家は法的に平等の権利をもった当事者として互いに対峙した。戦争を廃止するのではなく、戦争を「制限」（「保護限定」）することによって、戦争が「殲滅戦」にエスカレートすることを回避するという点に、シュミットは「ヨーロッパ公法」の意義を見出している。

海洋帝国イギリスとアメリカの台頭

新大陸の発見によって開かれた海洋の可能性をとらえ、最大限に利用したのがイギリスである。イギリスは海洋帝国となり、ヨーロッパ国際法の内部で独自な地位を占めるようになった。スペインやフランス、オランダとちがって、陸的な存在から「陸的な世界と均衡を保つ海洋的存在へと移行する歩み」に成功したのはイギリスだけである。シュミットの言葉を借りれば、イギリスはヨーロッパの一部にとどまり続けたが、同時にヨーロッパから離脱し、以後三〇〇年以上にわたって、「ヨーロッパのなかにあるものではなく、ヨーロッパの一部をなすもの」になった。

イギリスは海洋的存在になることによって、陸地に海洋を含めた新しい「大地のノモス」へとラウム秩序が変化していく過程の主体的担い手になっただけでなく、その後「場所確定」を喪失していく過程の「跳躍場」にもなった。『大地のノモス』の鍵概念の一つとされたギリシャ語の「ノモス」は、最初の「ラウム分割」としての陸地取得、もしくは「始源的分割」と、そこから生じる具体的な秩序を意味する言葉である。シュミットが「ノモス」という言葉をここでも使用するのは、このギリシャ語が「陸地取得」という始源的で「ラウム」に関係する秩序を示唆しているためである。しかし、その後この始源的意味は次第に忘れられ、単なる法規範に、すなわち、「規範主義的な規則や命令」という「実体のない普遍的な表示」になり代わっていく。

陸地とちがって海洋は場所確定の難しい空間（ラウム）なので、イギリスの海洋進出は国際法における場所確定を曖昧にすることになるが、こうしたイギリスの発展における「場所確定の喪失」を先駆的に示す語法として、シュミットはトマス・モア（一四七八―一五三五）の『ユートピア』（一五一六）を挙げている。古いノモスは「場所確定」に基礎づけられていたわけだが、モアの造語「ユートピア」は「場所を超えたところ」、すなわち、「どこにもない場所」を意味しているという意味で、暗示的である。

ラウムをもたない普遍主義の基盤となるのが、金、資本、労働の移動の自由をともなう経済の現実だった。世界の秩序を形成するに際して自由な世界貿易、世界市場といった経済的関係が規定的になる。十九世紀の後半になると、自由貿易のスローガンのもとに世界市場が形成された。主権国家相互の間で自由な経済と自由な海洋が承認されていたので、イギリスの支配的地位もまた確立された。それと同時に、国家相互間の政治的、国際法的環境の一切に浸透しながら、非国家的で自由な世界経済のラウムが広がっていった。そこではヨーロッパ公法のもとで存在した、国家と個人の間の、公的存在と私的存在との間の、戦争と平和の、戦争と海賊行為の間の、「明確な境界」は消失している。

シュミットによれば、こうした自由な世界経済は、主権国家の内部に最小限の立憲主義、つまり、立憲的な秩序の導入を前提としている。ヨーロッパ公法の時代としての近代を、十七、十八世紀の前期と十九世紀の後期に分けるとすれば、後期近代の経済的自由主義に先立ち、前期近代において政治的自由主義が、すなわち、立憲的自由主義が確立していなければならなかった。領土としては互いに離れている主権国家群の背後に、「インターナショナルな自由な通交の共同態」が存在し、これが領土的ラインと区別された「人間の活動を境界づける」ラインとなった。この「自由経済のライン」を保障するのが「リベラルな立憲主義」だったのである。

ユニヴァーサルな国際法の形成とドイツ

十九世紀後半以降、とりわけ一八九〇年頃から一九三九年の間は、古いヨーロッパの国際法（ヨーロッパ公法）から新しいユニヴァーサルな国際法へ転換する過渡期にあたる。経済的現実に加えて、普遍主義的な国際法が浸透するもう一つの条件は、アメリカ合衆国や日本といった非ヨーロッパ諸国、とりわけアメリカの台頭だった。ヨーロッパ中心だった世界秩序は根底から揺さぶられ、世界の秩序はヨーロッパが決めるというやり方は次第に通用しなくなった。ヨーロッパの諸国や諸国民という意味での「家共同体」は、いまやその家を世界全体に開放することになった。シュミットにとって、こうした事態は「新しい次元への移行」であり、「ラウムや土地のない普遍性という無」への転落だった。

場所確定が曖昧になり難しくなるとともに、ヨーロッパ公法という意味での国際法は、次第にこれと性格の異なる、普遍的で人類的な国際法に侵食されていく。新しい国際法の積極的な担い手となったのがアメリカとイギリスである。繰り返して言えば、普遍的な国際法が台頭するポジティブな理由は二つあった。世界の秩序が成立するに際して、経済的関係が、すなわち、世界貿易、世界市場の形成が規定的になったこと、そして国際法、国際秩序をめぐる会議に、アメリカや日本といった非ヨーロッパ諸国が参加するようになったことである。従来の「ヨーロッパ公法」の枠組みを超えるこれらの新しい事態に対応するために、普遍的で人類的な国際法が生まれてくる。

この流れを一段と推し進めたのが、第一次世界大戦とその戦後処理をめぐる一連の会議だった。シュミットはパリ講和会議とそれに基づき締結されたヴェルサイユ条約、そして数次にわたる戦後のジュネーヴ会議を検討し、とくにヴェルサイユ条約にこれまでのヨーロッパ国際法の場合と異なる新しい戦争概念の萌芽をみている。従来、戦争犯罪が問題とされる場合には、交戦法規の違反に関してのみであり、主権国家間の戦争それ自体は犯罪とはされていなかった。しかし、いまや戦争そのものの犯罪性が、それも攻撃戦争を仕掛けた側の犯罪が問題とされ、責任主体としても主権国家ではなく、ドイツの国家元首である皇帝ヴィルヘルム二世（一八五九―一九四一）の犯罪が告発されている。

このようにヨーロッパ公法が骨抜きにされているにもかかわらず、ヨーロッパの国際法学者はこうした国際関係のユニヴァーサル化の進行をヨーロッパ国際法の勝利であると誤解し、その裏で進行する事態を見逃してしまった。非ヨーロッパの新しい国家を国際法的に承認する場合にも、新しい国家が存在するというありのままの現実を受け容れただけであり、受け容れの原理、原則があったわけではなかった。こうして生まれてくるのは、ラウム秩序のない「事実的な諸関係」にすぎず、残るのは諸国家が「混交」し「並存」しているという「事実」だけであった。国際連盟はメンバーの同質性に立脚していたのに、同質性を普遍性に変えてしまった（『国際連盟の中心問題』一九二六、とくに第二章）。同質性は実質的な内容を問うが、普遍性は形式的であり、内容を問わない。かつてのヨーロッパ国際法の場合とは異なり、ラウム的にも精神的にも関連なく混交し並存している諸国家によっては、共同で戦争を「保護・限定」することは不可能になる。

シュミットの論調には普遍主義化にともなうヨーロッパ国際法の凋落、いわゆるヨーロッパ公法の衰退への哀惜の念が溢れているものの、これは後戻りのきかないプロセスである。シュミットが共感を寄せるかつてのヨーロッパ国際法は世界を「文明民族」、「半文明民族」、「未開民族」に分ける区別の論理に立脚していたが、いまやユニヴァーサルな新しい国際会議では、メンバーとなる民族を質的に区別したりはしない。そのように国際関係の量的な拡大が進行し限界に達すると、今度は内実を失って形式化し、「新しい次元」に移行してしまう。シュミットは国際連盟が失敗した理由をここにみた。このような国際法におけるグローバルな普遍主義に対応しているのが、とりわけ国家から区別された経済の領域における現実的な諸関係、すなわち、自由な世界貿易と世界市場だったことは、繰り返し述べてきた通りである。

シュミットが「普遍主義的な国際法」に批判的だった理由の一つは、新しい「普遍主義的な国際法」が場所確定・場所限定のなされていない、いわば「無」の上に立つ国際法であり、空虚な法体系だった点にある。そしてヨーロッパというラウム的な限定を外したグローバルな世界を差別化するキーワードとされたのが「正義」の概念だったが、シュミットにとって、正義の概念を立てることは全世界的規模で宗教的内戦の時代に戻ることにほかならない。しかも正義の概念を掲げるのは「大国」なり「強国」であって、かれらはとかく正義とみずからを同一視し、正義の名によって敵対国を差別化する。敵とされた国は、「不正義」であるのみならず、悪魔、邪悪、残虐など、あらゆるマイナスシンボルを与えられ、遂には殲滅されても仕方のない敵とされる。そこに「絶滅戦争」が発生する。

ワイマール時代はヨーロッパ公法の時代から「普遍主義的な国際法」に変貌する過渡期にあたり、戦勝国である西欧列強やアメリカはいまだ一面的に「普遍主義的国際法」を信奉しているわけではなかったが、しばしばそうした立場に立ってもっぱらドイツに戦争責任を負わせた。これはヨーロッパ公法を侵犯するものである、とシュミットは繰り返し戦勝国を批判しているが、その一方で、ドイツが中立国ベルギーを侵犯した国際法違反については口を閉ざしている。

第二次大戦後になるとヨーロッパ公法はすっかり背景に退き、冷戦体制のもとでアメリカとソ連が普遍主義的イデオロギーの国家として世界を支配している。ソ連は共産主義のイデオロギーによって、アメリカは自由主義的民主主義のイデオロギーによって「世界革命」を目指している。シュミットはここでも、戦争概念の変化、すなわち、殲滅戦争への変化の責任を、一方的に西欧やアメリカ、ソ連に負わせているが、ナチス・ドイツがユダヤ人の殲滅戦を行ったことについては沈黙している。

全面戦争の危機とヒューマニティの意識

ところで、『大地のノモス』は、それまでのシュミットの著作に馴染んでいた者には、当惑する内容が含まれている。かれによれば、ヨーロッパ公法は国家間の戦争を「枠づけ」、一定の約束事のもとで行われる戦争へと「保護・限定」するのに成功した。戦争はもはや「野獣的残忍性」をもった「殲滅戦」にいたることはなく、文明化された国家相互の「人道化」された戦争にとどまるようになった。あたかもシュミットは「ヒューマニズム」の立場に立っているかのような語り口である。一体いつかれは西欧列強のイデオロギーの信奉者になったのか。あるいはもともとヒューマニストだったとでも言うのであろうか。

シュミットはナチの政治的テロ、虐殺を正当化していたイデオローグであるし、生涯にわたって反ユダヤ主義的性向の持主だったことも明らかにされている。またかれは、誰が、どの国家が敵であるかを決断するところにすぐれて「政治的なもの」をみていた友・敵理論の主唱者であり、そこでは一切のヒューマニズム的顧慮は捨象されている、と論じていた。そしてかれの歴史哲学的考察によれば、人道的道徳は十八世紀に有力だった道徳意識であって、技術と技術的意識が生活の隅々に浸透している二十世紀的現代において社会的には無力化し、高々私的道徳にとどまっているだけである。こうした過去の理論や主張を知っている者であれば、敗戦後、戦争犯罪への加担を問われていたシュミットが、またもや時流に便乗して転向したのではないか、といぶかっても不思議ではない。

この点について言えば、一応次のように解釈することもできよう。シュミットはイデオロギーとしてのヒューマニズムの信奉者ではなかったが、かといってヒューマニティの意識まで否定していたわけではなかった、と。もともとワイマール時代の『政治的なものの概念』においても、かれは政治の一般的可能性として全面的戦争にまでいたりかねないことを指摘していた。一九四〇年前後になると国際関係は緊張度を増し、ヒトラー体制のもとで欧米をはじめ全世界を巻き込んだ全面戦争が、可能性の段階を超えて現実味をおびてきたと感じるようになり、事ここに及んでシュミットの心の隅に潜んでいたヒューマニティの意識が目覚めてきたとしても不思議ではない。というのも、政治的な決断に際し、道徳的考慮や経済的考慮が消え去る、つまり、ヒューマニティの意識も消え去るという言説は事実認識の問題であって、かれがヒューマニティの意識自体を否定しているわけではないからである。政治において、とりわけ国際政治の究極的場面において、ヒューマニズムは無力であるという事実を語っているのである。

このような解釈をすることもできよう。しかしあえてシュミットの言説に一貫性を求めるよりも、時には相互に対立するかのような言説が共存し、矛盾を抱えているのがシュミットという人物の特徴でもあり、ここにもそれがあらわれていると理解した方がいいかもしれない。

全面戦争の危機の認識とほぼ同じ頃から、シュミットは戦争の保護・限定を可能にしたヨーロッパの国際法（ヨーロッパ公法）の意義を説くようになった。とりわけ戦後の『大地のノモス』にはこの傾向が強い。しかし全面戦争の危機に際しシュミットがもちだしてくるのが、すでに無力化しているヨーロッパ公法でしかないという事実には、正直なところ当惑させられる。シュミットも繰り返し述べているように、当時、ヨーロッパ公法の現実的基盤が失われていただけでなく、ヨーロッパ自体がすでに分裂していた。シュミット的に言うなら、アメリカと連携し普遍主義に舵を切った西欧列強はドイツと、ヴェルサイユ体制のもとでも実質的に対立していたし、ヒトラー体制の成立によってヨーロッパはいっそう分裂に向かった。そうした国際環境のなかでヨーロッパ公法の意義を説くのは、シュミットらしからぬ対応であろう。

ナチ時代の後期にはシュミットも、普遍主義的な国際法とはもちろん、従来のヨーロッパ公法とも異なる、第三の国際法の成立を見込んでいた。主権国家を単位とする国際法に代わる、ドイツ・ライヒの台頭を背景にした、ライヒを単位とする新しい国際法の展望である。しかしその現実的可能性はともかく、かれの見込みを支える、ヒトラーのドイツ・ライヒは敗戦により解体してしまった。国際法の原理として残ったのは、普遍主義的な国際法と、いまや衰退の極みに達したヨーロッパ公法だけである。『大地のノモス』においてシュミットは第三の国際法を本格的に構想するにはいたらず、ヨーロッパ公法の果たした役割を評価するにとどまった。

しかも見逃しえないのは、シュミットのヨーロッパ論のイデオロギー的性格である。シュミットは無力化するヨーロッパ公法への哀惜の念を表明しているが、そのヨーロッパ論の意味合いは時代によって異なる。例えば、一九四〇年代初頭にはドイツ中心の、いわばゲルマン的なヨーロッパの秩序を構想していたが、その可能性が失われた第二次大戦後には、ゲルマン的性格を脱色させたヨーロッパの秩序を主張するようになる。『大地のノモス』における「ヨーロッパ公法」の称揚はその現れであろう。当時「ヨーロッパ公法」論は必ずしも時代にそぐわない議論ではなかった。壊滅的打撃を受け国家的威信を失ったドイツが新たに頼るべき枠組みはヨーロッパであり、帰国した亡命者やレジスタンスの活動家を含めて、様々な立場からのヨーロッパ論が展開された。ワイマール時代に保守革命派の論客だったツェーラーも、ドイツは「ヨーロッパの民族」であることを強調し、「ヨーロッパ民族としてヨーロッパの統一のために働くチャンスをえた」と論じており、シュミットの論調もこうした時代状況に対応していたのである。

とはいえ、シュミットの批判の鋭さの一端は、批判対象の存立する現実的基礎が失われていることを明快に指摘する点にあり、自由主義や議会主義についてその精神的基礎の喪失を指摘していた。ヨーロッパ公法もまたその現実的基礎を失ったが、その責任をアメリカやソ連の普遍主義にも負わせている。しかし、ドイツもまたそれに加担していたことには沈黙している。ここにおいても、批判の鋭さにみあう対案は示されず、また国際政治におけるドイツの責任には口を閉ざしている。

3　『パルティザンの理論』——現代における戦争と政治

世界内戦の時代

ヴェルサイユ体制において、先制攻撃を仕掛けた側は、戦争責任を負わされただけでなく、戦争という悪を始めた罪があるとされ、ドイツの全面的な責任が問われるようになった。これに対し、戦争は根絶しえぬものであり、戦争とうまくつきあっていく方法を確立しなければならない、というのがシュミットの基本的立場だった。かれが国家を重視する国家主義者であると言われるのも、国家が内乱、内戦を終結させたこと、それだけの実力をもっていたことを評価している点にその理由がある。しかし二十世紀になって、すでに終結していた内戦が「世界内戦」として再び回帰してくるのであれば、シュミットが危機意識をもつのも当然である。

「世界内戦」の時代の到来が本格化したのは第二次世界大戦以後においてだったが、その萌芽は第一次世界大戦後の国際関係にあった。一方にソヴィエト連邦を中心とする国際共産主義運動が台頭し、他方において英米列強がヨーロッパ公法を離れ、ユニバーサルな国際法に依拠することによって「世界内戦」は準備され、第二次世界大戦後に現実のものとなった。

『大地のノモス』において「世界内戦の時代」における戦争の「非人道主義化」に、シュミットはたびたび警鐘を鳴らしており、またヨーロッパ公法における戦争の保護・限定の意義を繰り返し強調していたが、その場合、戦争には一定の約束事のもとに行われるゲームという要素が入り込んでいる。しかしそうなると、かつて『政治的なものの概念』で重視していた政治における決断の契機、生死を賭した真剣な決断という要素は稀薄《きはく》になり、それはそれでかれの理論にとって好ましくない事態なのではないか、という問題が生まれる。

シュミット自身、「ヨーロッパ公法」と「政治的なものの概念」の齟齬《そご》を感じてか、一九三二年版の『政治的なものの概念』を戦後に再刊した際に付した「序文」のなかで、「敵」概念が一般化され区別されていない点を一九三二年版の欠陥として挙げている。かれはこの点には以前から気づいており、「戦争および敵概念の関係について」(一九三八)においてすでに、「正しい敵」と「犯罪者としての敵」を区別していた。「正しい敵」とは「ヨーロッパ公法」における敵であり、「犯罪者としての敵」は「普遍主義的な国際法」における敵であった。

さらに一九六三年版の『政治的なものの概念』の「序言」において、敵は「在来的な敵」、「現実の敵(現実的な敵)」、「絶対的な敵」に三区分される。このうち「在来的な敵」は「正しい敵」、「絶対的な敵」は「犯罪者としての敵」の言い換えだが、「現実の敵」が新たに設定された。この「現実の敵」を決定しうるところにシュミットは「政治的なもの」の存立を託したのである。その意味できわめて日常的な概念ではあるが、「現実の敵」には重要な意味が込められている。

このように敵の種類を細分化することによって、シュミットは「ヨーロッパ公法」、「政治的なものの概念」、「世界内戦」の相互関係をより正確に説明しようと試みた。新しい敵の分類をふまえたかれの著作が、一九六三年に刊行された『パルティザンの理論』である。

同書は、サブタイトルに「政治的なものの概念についての中間所見」とあるように、『政治的なものの概念』と関連づけて読まれることを意図している。二度の世界大戦を経て、政治の重要性を思い知らされたにもかかわらず、「政治的なもの」が人びとの意識のなかで稀薄化し捨象されていく時代状況のなかで、『パルティザンの理論』は「パルティザン」が「政治的なもの」の担い手たりうるのか否かを検討した著作でもある。

パルティザンの二つの型

シュミットによると、パルティザンの理論は、十九世紀初頭のスペインでナポレオンの占領軍に対し行われたゲリラ戦に触発されて生まれた。スペインの正規軍は徴兵制をとったナポレオン軍に対抗できず、農民たちはゲリラ戦という新しい形態で抵抗した。敵概念の分類をふまえて言えば、両国の正規軍はお互い「在来の敵」として戦ったわけだが、スペインのゲリラはナポレオン軍を「現実の敵」として戦ったことになる。またナポレオンの占領下にあったプロイセン(ドイツ)において一八一三年に発布されたプロイセン勅令は、国民に対し侵入する敵に武器をもって抵抗し、敵の命令に服することなく、敵に損害を与えることを義務づけている。この勅令は三ヵ月しか効力をもたなかったものの、シュミットはここにパルティザンがクラウゼヴィッツ(一七八〇―一八三一)らによって理論化される端緒をみている。この勅令は正規軍のみに交戦資格が与えられていた時代に、支配者みずからが人民武装という「危険な手段」を正統化したものである。

ナポレオン失脚後のウィーン体制において、ヨーロッパ公法の体制があらためて確認され、第一次大戦まではパリ・コミューンの人民武装を例外として、戦争は国家間の正規軍によるもののみであった。しかしその後も非正規軍の人民武装への要求は消え去ったわけではなく、ロシア革命を契機として再びパルティザンが注目されるようになり、ウラジーミル・レーニン(一八七〇―一九二四)はその理論化を試みている。また、毛沢東(一八九三―一九七六)は日本軍の中国侵略に対しパルティザンの「遊撃戦」の重要性を実証した。これ以降、第二次大戦ではロシア、ポーランド、バルカン諸国のドイツ正規軍に対するレジスタンス運動において、大戦以後にはインドシナ、ヴェトナム、アルジェリア、キューバなどでフランス軍やアメリカ軍に対するパルティザン運動が活発化し、その抵抗力を示している。

　近代主権国家相互の正規軍による戦争に対し、とくに二十世紀になって始まった新しい型の戦争は、もはや正規軍のみによる戦争ではない。ヨーロッパ公法下の戦争の枠づけや限定は無効となり、基準を失った戦争は全面化していく。一方で人民武装や民族自決権の要求が高まり、ヨーロッパ公法の衰退が進み、他方では主権国家の退潮と社会集団の台頭にともない、総力戦の時代が到来すると、人民のパルティザン的なゲリラ活動も活発になってくる。

　シュミットによれば、パルティザンは従来の政治や政治学が見逃していた戦いの「深層の次元」を発見し、そこで縦横無尽の活躍をみせた。二十世紀における大国と小国の間の対称性を欠く戦争において、小国が容易には屈服することなく、時には大国を撃退することも可能だったのは、正規軍よりもパルティザンによるところが大きく、ここにパルティザンの強みがあった。さらに現代のパルティザンを、「故郷《ハイマート》」を防衛する土着的な抵抗者と、世界革命を目指す攻撃的で革命的な活動家の二つのタイプに分けている。スペインの農民ゲリラは前者の例であり、レーニンは後者の型のパルティザンを理論化しようとした。

パルティザンの標識と戦闘形態

シュミットによれば、パルティザンの標識となるのは、「非正規性」「高度の遊撃性」「政治的関与の激烈さ」、そして「土地的性格」の四つである。従来のヨーロッパ公法に立脚した戦争は枠づけられ区別された戦争であり、正規／非正規、合法／非合法、軍人／市民、戦争／平和の区別が成り立っていた。しかし、こうした概念的に区別された世界は第一次大戦において崩壊してしまった。

パルティザンが「非正規的」に戦うということは、合法性―非合法性のレベルにおいてではなく「危険負担的」に行動することを意味する。言い換えれば、パルティザンは自分がヨーロッパ公法の「外部」におり、「法的保護」を剝奪されていることを認識し、そこから生じる「危険性」を覚悟している。パルティザンの存在自体が、従来の戦争概念が失効していることの証しである。第二に、パルティザンの戦い方は「高度の遊撃性」をおびている。とりわけ戦闘の「非正規的空間」において、迅速に、神出鬼没に行動し、不意打ちを本領とする。また第三に、パルティザンは組織に全面的に人格を把握され、徹底した道具にもなり、無条件に政治的に献身する。キューバの革命家チェ・ゲバラ（一九二八―一九六七）はその点を「パルティザンは戦争のイエズス会士である」と述べている。第四の「土地的性格」とは、パルティザンの「土地との結びつき」の強さを表しており、パルティザンは「土地の住民や陸地の地理的条件」に精通しているため、その遊撃性はいっそう高まる。

こうした特徴からパルティザンの戦いの独自性も生まれてくる。パルティザンは戦いにおいて、従来の空間とは異なる「新しい空間」を呼び出してくる。陸にせよ、海にせよ、空にせよ、どの空間においても、これまでの戦争は「公然たる戦場」という同一の平面を共有していた。しかし、パルティザンが戦う「新しい空間」は錯綜した多層的な構造をもち、そこへ敵を強制的に追い込むという点に、独自の強さがあった。この「非公然的」な空間を、シュミットは「暗黙の次元」とか「深層の次元」と呼び、公然性という平面が欠如しているという意味で潜水艦になぞらえている。そこでは正規性／非正規性、合法性／非合法性といった従来の区別が消滅しており、パルティザンは「深層の次元」において「遊撃性」を発揮し、神出鬼没の活躍をする。

正規軍と同じような戦い方をしてもパルティザンに勝ち目はうすい。二十世紀のパルティザンも武器をもって戦うが、かれらの目的は武力闘争における勝利よりも、敵側の社会秩序の崩壊にあり、そのためには遊撃戦の方が効果的だった。パルティザンは共同体のなかに非公共的な空間を生み出す目的でテロ行為に訴え、テロが支配する空間のなかに不安や不信の支配する広汎な空間をつくりだす。また精通する土地関係を利用して正規軍を大量に拘束することもできる。こうして、パルティザンのたったひとつのテロ行為でさえ、社会全体を不安に陥れ社会秩序の崩壊を導くことが可能になる。

パルティザンの変貌

シュミットが「ヨーロッパ公法」について明示的に語るようになるのは、戦時中から戦後にかけて書き継がれたといわれる『大地のノモス』においてだった。そこで表明される「ヒューマニズム」の擁護は、従来の『政治的なものの概念』における立場と齟齬をきたすのではないか、との疑問については前節でも少し触れておいた。

この疑問に対し『パルティザンの理論』はどう答えているのだろうか。『政治的なものの概念』が想定していたのは、近代国家という政治的共同体間の対立・敵対関係であり、それが生死を賭した深刻な「敵・味方」関係に上昇し、戦争に突入しかねない状況を背景に「政治的なもの」の本質を論じていた。これに対し『パルティザンの理論』では、『政治的なものの概念』では視野に入りにくかった、非正規軍による、公然性の欠如した場所、あるいは「深層の次元」という「新しい空間」での戦いを念頭においている。その意味でパルティザンの存在は『政治的なものの概念』の主題を超えてはいるが、それでもその延長線上にある問題であり、「政治的なものの概念」の理解自体を否定するものではない。

ではヨーロッパ公法にとってパルティザンの存在は何を意味するのか。同じ名称をもつとはいえ、二十世紀以前と以後、すなわち、レーニン以前と以後では、パルティザンの性格のみならず、その生存環境自体が変わっていることにシュミットは注目する。レーニン以前はヨーロッパ公法の外部に位置するとはいえ同法と両立しえたが、レーニン以後の、共産主義的世界革命路線に組み込まれたパルティザンは、ヨーロッパ公法を侵食する性格をもつようになった。

レーニン以前のパルティザンはその本来の性格ゆえに「現実の敵」と戦い、「絶対的な敵」をもたなかった。そのため、戦争は限定的なものにとどまり、絶対的な対立にまで高まることはなかった。またその土地的な性格のために、もともと防御的な戦いしか行わなかったのである。その意味でシュミットにとって、レーニン以前のパルティザンはヨーロッパ公法のもとで「政治的なもの」の担い手になりえた。

これに対して、国際的共産主義運動はパルティザンに大きな影響を及ぼした。レーニンは自らの世界革命の戦略のなかでパルティザンをとらえかえし、その性格を大きく変えていく。それは一面においてパルティザンに普遍的大義の担い手という現代的役割を与えることになったが、他面においてかつてのような防衛的役割から逸脱し、パルティザンのパルティザンたる所以を解体していくことにもなった。

レーニンに続くヨシフ・スターリン（一八七九―一九五三）はナチス・ドイツとの戦争において、「民族的郷土的な抵抗」、つまり「本質的に防御的な土地の力」を「国際共産主義」の世界革命戦略と巧みに結びつけた。この方向での最大の理論家にして実践家だったのが、対日抵抗戦争での毛沢東だった。かれは「長征」の過程で、農民や兵士をその中核にもつパルティザンを中国共産党に組み込んだ。

シュミットによれば、毛沢東の革命はレーニンよりも「土地的な基礎づけ」が強く、いっそう革命の内的な核心に迫ることができた。この点でボルシェヴィキの前衛と中国の共産主義者の間には著しい相違がある。ドイツの政治家ルート・フィッシャー（一八九五—一九六一）も言うように、ボルシェヴィキストは「亡命者から成る理論家」に指導されていたのに対し、中国の共産主義者は「ナショナルな土地」で長年パルティザン戦争を行ってきた闘士たちである、という違いもあった。

毛は少なくとも三つの敵対関係を絶対的な敵対関係に高めた。白人の植民地的搾取者に対する人種的敵対関係、資本主義的ブルジョアジーに対する階級的敵対関係、そして「同人種たる日本人侵入者」に対するナショナルな敵対関係である。毛にとって、革命戦争の九割が「公然」でもなく「正規」でもない戦争であり、それだけにパルティザンの役割は大きかった。

しかしシュミットにとっては、ヨーロッパ公法がそうであったように、敵対関係を「枠づけ」「規制する」ことができるか否かが問題だった。『政治的なものの概念』にはすでに、平和主義のためになされる戦争、人類の名による戦争の危険性に触れた箇所がある。戦争が

「人類」の名のもとに行われる場合、すなわち、一国家が人類の名のもとにその政治的敵と戦う場合、それは決して人類の戦争なのではなく、その一国家が人類の平和や正義、進歩を自国のために独占し、敵対国からこれらの概念を剝奪しようとする。敵は人類の資格を奪われ、法の外にあるものとされ、したがってそのような敵との戦いは「非人間的」なものになり、殲滅戦にまで行きつかざるをえず、既成の枠組みを超えていってしまう。

ここで二つの敵概念が想定されている。一方が「ヨーロッパ公法」のもとでの敵、自国の域内に侵攻してきた敵を域外に追い返すという場合の敵であり、もう一方が、人類の名による普遍主義的大義のもとに行われる戦争において想定されるような、非人間化された抹殺さるべき敵である。シュミットによれば、後者の敵との戦争は「政治的なもの」を「超え出て」（強調はシュミット）しまい、敵を全体的存在として「道徳的その他の諸範疇《はんちゅう》においても」蔑視し、抹殺するほかないような「非人間的怪物」に仕立て上げてしまう。

このように二十世紀の新しい戦争形態においてパルティザンの性格も変わっていった。パルティザンは土地に立脚し、防御的戦いに従事しており、それ自体ヨーロッパ公法を深刻に脅かすものではなかったが、二十世紀の新しい戦争に巻き込まれるなかで、世界革命の普遍主義的運動の担い手として姿を現し、ヨーロッパ公法を脅かす存在になっただけでなく、その過程でパルティザン特有の矛盾に陥る。土地という個別的具体的なものに拘束されながら、同時に世界革命という普遍主義的な大義にもコミットするという矛盾である。これらをどう両立させるかがレーニンや毛沢東といった革命指導者の課題になった。レーニンは理論的で抽象的な解決にとどまったが、毛沢東はパルティザンの実践において両者を結びつけることに成功した。ただパルティザンはテクノロジーの発展に関しても固有の矛盾を抱えていた。正規軍と同様に、パルティザンも発展するテクノロジーを利用し、活動の遊撃性を高められたが、それによって工業的手段への従属性をかえって深めることになる。その意味でテクノロジーの時代にパルティザンは消滅していく方向性にある。

その他の著作活動

戦後のシュミットには『大地のノモス』や『パルティザンの理論』のほか、『ハムレットもしくはヘカベ——時代の劇中への侵入』『価値の専制』『政治神学再論』などの著作もある。もはや詳しく紹介する余地はないので、簡単なコメントにとどめたい。

価値の攻撃的な性格を明らかにし、ウェーバーの「神々の闘争」以後の精神世界を描いた『価値の専制』と、『政治神学』に対する神学者エリク・ペテルゾン（一八九〇—一九六〇）の批判を取り上げ、あらためておのれの立場を再確認した『政治神学再論』とは、新しい展開はあるものの基本的に前期シュミットの延長線上において理解できる著作であると言えよう。

これに対し、『ハムレットもしくはヘカベ』はシュミットの著作としては後期シュミットの特徴をもっている。『ハムレット』の考察にあたって、シュミットは劇をコルネイユやラシーヌらに代表されるフランス古典劇と、シラーに代表される自由に創作された自律演劇、そしてシェイクスピアの劇という、三つのタイプに分けて比較検討している。フランスの古典劇とドイツの自律演劇は互いに性格を異にしながらも、劇としての完結性をもっているという点で共通している。一方は古典劇として明確な形式を備えているのに対し、自律演劇の方はそのような形式にとらわれない自由さを身上とする。後者の場合には、作者の創造力によって現実世界とは区別された虚構の世界が構想され、読者や観客はそのフィクションの世界に「遊ぶ」ことによって自己疎外を克服し自己実現を目指すという、自律演劇の論理があった。

『ハムレット』の場合には、そのような意味での完結性は追求されておらず、むしろ断念されている。古典演劇や自律演劇の立場からみれば、『ハムレット』は未完成であり、素朴であって、洗練さに欠けているだけでなく、「野蛮」でさえあった。また『ハムレット』のなかには同時代の歴史的「現実」が劇の一部として深く侵入しているという意味でも完結性は損なわれているが、シュミットによれば、だからこそ『ハムレット』は真の「悲劇」となり、

「神話」にもなったのである。ここでは劇における「破れ」が積極的に評価され、理論的構成を好む前期シュミットは後退している。

これまでシュミットの生涯を追いながらかれの主要な著作の問題意識と内容を紹介してきた。最後に「終章」において筆者なりのシュミット像をまとめて本書を終えることにしたい。

終　章　シュミットの思想と学問

ここまで政治思想の歩みを中心にシュミットがどう考えているか、どう述べているかという観点に立って論述してきた。最後に、シュミットをめぐる時代状況の変化をふまえつつ、筆者がシュミットをどう読むか、どう解釈するのかという観点から総括しておきたい。

現代の思想家としての復権

シュミットは一九八五年に亡くなり、その死と前後して学問や思想の世界では復権が始まった。ドイツ系の思想家について言えば、一九七〇年代にベンヤミンが、八〇年代になるとアーレントやシュミットが大きな注目を集めるようになった。ハイデガーも加えて、かれらは二十世紀ドイツという限定を超えて、現代を代表する思想家という評価が定まりつつあるように思われる。シュミットの名声に比べれば、かつて注目されたマンハイムやジェルジ・ルカーチ（一八八五―一九七一）は影の薄い存在になってしまった。

シュミット再評価の動きは一九八三年に刊行されたアメリカの政治学者ジョーゼフ・W・ベンダースキー『カール・シュミット論――再検討への試み』あたりから始まった。それは当初はシュミット研究内部の出来事でしかなかったが、その後、神学者ヤーコプ・タウベスがシュミットを現代の代表的思想家に格上げした。ユダヤ人であるタウベスは影響を受けたものの、シュミットの反ユダヤ主義やナチ時代の立場に対して愛憎半ばするものがあった。それでも結果的に現代におけるシュミットの復権に重要な役割を果たした。

タウベスは『パウロの政治神学』（一九九三）のなかで、一九二〇年代に生じた精神史的・思想史的な大地殻変動に、すなわち、戦勝国が拠り所とした西欧的価値体系の基礎を根本的に再検討する動向に敏感に反応しつつ著作活動を行った人物として、神学のカール・バルト（一八八六―一九六八）、哲学のハイデガー、文芸批評のベンヤミンと並べてシュミットを論じ、二十世紀を代表する思想家の一人という位置づけを与えている。さらにヘーゲル研究で知られるフランスの哲学者アレクサンドル・コジェーヴ（一九〇二―一九六八）が訪独した際、「西ドイツで会うに値するのはシュミットだけだ」と述べたというエピソードも紹介している。タウベスの思想史的位置づけが必ずしも過大評価でないことは、例えば、フランスのジャック・デリダ（一九三〇―二〇〇四）の『友愛のポリティックス』（一九九四）やイタリアのジョルジョ・アガンベンの『例外状態』（二〇〇三）がシュミットを重要な思想家として取り上げていることからもわかる。

シュミットの死後三十数年に限って言えば、同時代に活躍したマンハイムやルカーチに比べて、つねにナチとの関わりを問題視されてきたこの人物が存在感を増している。マックス・ウェーバー以降の最大の政治思想家という地位を占めようとしていることからも、シュミットの復権をうかがい知ることができる。また、ラインハルト・メーリングによる本格的な伝記的研究が現れ（『カール・シュミット』二〇一四）、日本でも大竹弘二によるシュミットの生涯全体をカバーする大著（『正戦と内戦――カール・シュミットの国際秩序思想』二〇〇九）が出版されるにいたった。こうした流れのなかで、当初、法学や政治学の分野で行われていたシュミット研究の視野は広がり、アガンベンらの影響もあって「神学面」にまで及びつつあるのが現状である。

もちろんそれには国際関係の変化もあった。一九八九年以降、ベルリンの壁崩壊から冷戦終結と、第二次大戦以後の国際関係の枠組みが大きく揺らいだ。近代国家を超えるような動向が、一方ではEUの形成、他方では帝国の復活というかたちで、急速に従来の国際関係を解体しつつあるという、文字通り「近代」以後の新しい状況が生まれつつあるかに見える。

それは戦後体制を基準にすれば、それへの反動の時代であり、戦後体制のなかで出る幕のなかったシュミットの理論、とりわけ国際関係をめぐる理論が再び注目を集める現実的背景はそこにあった。

思想と学問の特徴

シュミットの著作活動は帝政期末に始まり、ワイマール期、ナチ期、そして獄中期を経て戦後にいたる、ほぼ七〇年に及ぶ。歳月も長いが、その間数度の体制変革を経験しているので、理論に変化が生じるのも当然である。しかしそれでも学問的発想、思想的特徴はワイマール時代にほぼ確立しており、総じて言えばその立場はその後もほぼ一貫している。しかしそうは言っても、シュミットがワイマール期の思想的立場をその後も保持し、ナチ期以降に新しい展開がなかったわけではない。シュミット理論にもそれなりの変化はあり、主題的にも広げられたことは、前述した通りである。ただシュミットの場合、思想的変遷があったにしても、それ以前の立場を大きく逸脱するようなラディカルな転回があったわけではない。

本書では既述のように、ナチのイデオローグとしては事実上役割を終えた後の、一九三八年前後の思想的な変化に着目し、その前後をそれぞれ前期シュミット、後期シュミットと呼んできた。まず前期シュミットにおいて確立した思想と学問の特徴は次の諸点に要約できよう。これらの特徴は後期シュミットにおいて多少修正されたり後退したりすることはあっても、基本的に継承されていく。

① もう一つのヨーロッパ

近代においては英仏に、現代においてはアメリカによっても代表される西欧の思想文化には批判的でありながら、ヨーロッパにとどまる道を生涯にわたって追求していた。その志向性は、西欧型と区別されるだけでなく、それと対抗するソ連を中心とした共産主義的な世界革命の路線とも区別された、ドイツにふさわしい第三の道の模索でもあった。かれにとってフランス革命の普遍主義的理念やヴェルサイユ条約は西欧先進国のヘゲモニーを正統化し、ドイツを政治的に従属させるものであった。ワイマール共和国の末期にシュミットが保守革命運動と接近したり、それ以後ナチス体制と癒着するようになった一因はここにある。

第三の道を国家形態の問題としてみれば、自由主義的な国家論と区別される権力国家論の主張になり、この点でシュミットは一貫していた。戦後の西ドイツや現在のドイツ連邦共和国は基本的に西欧路線を目指していたのでみえにくくなっているが、かれにとってもう一つのヨーロッパの道は終生変わらずもち続けた関心事だった。かつてドストエフスキー（一八二一―一八八一）はドイツ国民を西欧的な思想と価値に永遠に「プロテストする」国民だと述べたことがあるが（『作家の日記』）、シュミットもそうした枠内で議論を展開していたのである。

② 政治哲学者としてのシュミット

政治学や法学の分野で今なお注目されている書物を著したシュミットは、政治学者、社会科学者とみなされがちである。しかしかれの著作の多くは基本的に政治哲学的な考察であり、主として政治の本質論を展開しているので、現実の政治現象、政治過程を分析する上では必ずしも直接役に立つわけではない。シュミットは政治学者、社会科学者である以前に、法学者、政治哲学者であった。「政治」についても議会主義や民主主義についても、シュミットの主たる関心はそれらの本質の解明にあった。

かれは政治の本質を敵・味方の区別にあるというが、これによっては国内政治の大部分は説明できない。その大部分は、例えば高速道路を早く造るのがいいのか、介護施設の充実を図るか教育の無償化が先かといった問題の優先順位の決定の問題、それをめぐる妥協や戦略から成り立っており、敵・味方の区別は政治の第一義的問題にはならない。

③ 政治がすべてという発想

シュミットは公法学者を自任していたが、本書で政治思想を中心に取り上げたのは、一つには法の基礎に政治をみるというシュミットの学問的特徴に注目したからである。

かれの政治に関する著作は多岐にわたる内容をカバーしているが、その核心となる主張は一読明快であり、ある意味で単純である。シュミットは主権、国家、政治という三つの概念の同一性を主張しており、それらの公分母となるのが決断だった。主権＝国家＝政治＝決断が一貫して語られている（ニコラウス・ゾンバルト『男性同盟と母権制神話――カール・シュミットとドイツの宿命』）。政治の本質を論じても、議会主義や憲法を論じても、議論を嚮導する基本的認識はつねにこれであった。

ある意味で簡明なこの事実は「例外状態」において露呈する。「例外状態」が日常的には隠れていた事実連関をあらわにし、そこで「政治的なもの」の全能性が明らかになる。「政治的なもの」が現れたときになされる主権者の決断によって、内乱やカオスが防止され、秩序がもたらされる。その政治的な秩序あってこそ、自律的な生活諸領域も成り立ち、経済や倫理、芸術などの存立が保障されるだけでなく、政治的共同体内部の人びとの生命の安全も保障され、「真面目に」生活できる条件も保障される。逆に言えば、シュミットは政治的秩序の崩壊を何よりも恐れる思想家であり、それを回避できるのが主権者の断固たる決断だった。このような論理構成のゆえに、かれの議論においては、何のための決断かよりも決断それ自体が重視されることになり、カール・レーヴィットや丸山眞男の批判もここに向けられている。決断主義者シュミットという呼称はかれの政治思想の核心をついている。

④ナチスとの関係

ナチスとの関係に関して事実として明らかなことは、一九三二年後半の時点でナチス政権成立阻止の動きに加担していたこと、それにもかかわらず翌年初頭にナチス政権が成立すると、ほどなく支持にまわり、体制のイデオローグになったことである。

シュミットは思想的にもナチであったのかという問題は、ナチの思想をどうとらえるかにもよるが、少なくともナチ的な思想家だったことは間違いがない。「日記」や『グロッサリウム（注釈集）』（一九九一）を参照する限り、かれはヒトラーに迎合してというよりも生涯にわたり反ユダヤ主義的であり、ナチ期にはユダヤ精神と闘う演説も行っていた。ナチの思想を政治的多元主義の否定、独裁の思想、反ユダヤ主義（人種主義）に求めるならば、シュミットはいずれの点においてもナチ的だったと言えよう。

のちにノーベル平和賞を受けたカール・フォン・オシーツキィ（一八八九―一九三八）は週刊誌『ヴェルトビューネ（世界舞台）』において、保守革命派のタート派について批判的に論評し、ナチの思想を「モダンな教養語」に翻訳し、ヒトラーを「超ヒトラー化している」と述べていたが、それはシュミットの場合にもある程度あてはまる。やや粗っぽく、未整理なところも多いナチの思想を「教養人」にも受け容れやすい議論に転換しただけでなく、ナチ的な思想の潜在的可能性をより展開し、質的にも洗練されたものにしたという面がシュミットの理論にもある。自由主義の批判、独裁の評価、反ユダヤ主義、権力国家の称揚、西欧型の自由民主主義や世界革命をめざす共産主義運動と区別される第三の道の模索、そして機会主義的な態度といった、ナチとも共通する志向性を、シュミットはアカデミックな文体で、より洗練され、いっそう徹底したかたちで展開した。

ドイツの教養市民の世界から内面的に疎外されていたにせよ、一般のナチ党員と比べればやはり教養人だったシュミットは、ナチの野蛮な振舞や暴力路線に違和感を抱いていたはずで、その意味では心底からナチを支持していたようには思えない。しかし現実のナチの動向にすんなり一体化していなかったにせよ、カトリックの中央党を含めた既成政党のなかで、シュミットの政治思想を実現できる政党があったとすれば、ナチ党以外にはありえなかった。ドイツにふさわしい第三の道の模索も、政治の優位ないし万能性の主張も、いずれもシュミットがナチに引き寄せられる要因だった。

しかし言うまでもなく、シュミットの思想的営為をナチの思想に還元することはできない。ワイマール期の諸著作はもちろん、ナチ期後半の『ホッブズ国家論におけるリヴァイアサン』以降の諸著作も、それ自体としては単にナチの支配を正当化することに尽きるものではなく、十九世紀末以降、とりわけ一九二〇年代以降に明白になる「政治思想の現代的展開」において参照するに足る議論を少なからず含んでいる。

⑤　内面性と合法性

シュミットの議論展開の重要な箇所にしばしば登場する言葉が、「内面性」と「合法性」である。本書ではこれらの言葉を魔術的言語と呼んできた。「合法性」は法学の基礎概念ではあるが、「内面性」や「合法性」がみずからのナチへのコミットを正当化する文脈で登場するだけに、見逃しえない論点である。全体主義的支配体制のもとでも、ナチの思想や価値観に一元化されていたわけでなく、私的内面性の世界では自由で多彩な考えが抱かれ展開されていた、という主張である。はたしてそうであろうか。

シュミット自身も示唆しているように、歴史的にみてドイツの教養市民層はしばしば肝心なときに私的内面性の世界に退却し、そこで限定された自由を享受した、とされている。政治領域を貴族によって掌握され、長らく政治から排除されてきた埋め合わせを内面性の世界に求めたのである。ジークフリート・クラカウアー（一八八九―一九六六）もワイマール時代初期のドイツに起こった「殻のなかに逃避してしまう一般的傾向」について批判的に語っている（『カリガリからヒトラーまで』）。ユダヤ人が次から次へと身のまわりから消えてしまうナチス体制下の日常において「内面性」が蒙る傷に関し、セバスティアン・ハフナー（一九〇七―一九九九）が『ナチスとのわが闘争――あるドイツ人の回想一九一四―一九三三』で鋭い考察を残しているのに比べて、獄中におけるシュミットの「内面性」に関する考察は真実を語っておらず、貧困であると言わざるをえない。

「合法性」という言葉もまた、ナチス体制との関わりで使われる。イデオローグとして体制の「合法性」を主張するのは当たり前としても、戦後の『獄中記』においてさえ「合法的に成立した」政権（ナチ政権）に従うのは当然だ、と述べている。ナチ党が選挙によって第一党になったこと、全権を掌握する根拠とされた授権法を国会の議決により採択したことは確かである。だが授権法の成立に向けては、共産党を非合法化し、諸政党を解体に追い込み、中央党や社会民主党にも露骨な威嚇を加えたなかでなされた採決までを「合法的」であると言うのは難しい。それ以前のワイマール時代末期には、憲法に基づく合法性を無視してまで、ナチス政権の阻止が可能な論拠を苦心して模索していたシュミットが、今度は安直に「合法性」を切り札にナチス体制を正統化する議論には違和感を覚える。

このようにシュミットは「合法性」の擁護者を自任しつつ、「合法性」には限界があることを身をもって示すことになった。「合法性」を超えた例外状況において、共和国の危機を大統領内閣により克服しようとしたシュミットが、その直後に成立したヒトラー政権を「合法性」の観点からも支持するにいたった。カリスマも果断さもない卑小な権力者などより、カリスマ的指導者の人物と手法に魅了されたのであろうか。シュミットが法学者として合法性を重視していただけに、きわめて疑問の残る選択である。

⑥ 例外状況と場所確定

シュミットはヴェルサイユ体制や正戦論を批判する際に、しばしばその普遍主義を攻撃している。普遍主義はその抽象性のゆえに具体的な場所を喪失し、空虚な議論になっているという批判である。これに対しシュミットが対置するのは、個別具体的なもの、具体的な場所(空間)、具体的な場所との密接な関係、などである。とくに後期には「場所確定」の重要性が指摘される。それは西欧に対するドイツの自己主張の意味で用いられる場合もあるが、それを超えた意味をもつ主張でもある。だがシュミットの立場は一貫しているのだろうか。

シュミットの理論の鋭さと迫力は、その多くを例外状況の方法に負っている。「主権者とは例外状況において決断をする者である」とシュミットが言う場合、極限状態と決断する状況は同じようにみえるかもしれないが、実は大きく異なっている。極限状況がどんな状況であるかは原理的に学問的に規定できる現実の状況である。決断する状況はあくまで極限的な現実の状況であるという意味では、両者の間に違いはない。しかし決断する状況において重要なのは、決断する主体にとっての状況であり、「例外」においては、科学的な状況認識や倫理的価値判断といった、およそ決断の根拠とされるようなものがすべて無力化し消え去ってしまう瞬間、つまり、あらゆる制約から解放された瞬間において決断がなされる。

しかし現実世界において生きるということは、制約されて生きるということであり、人間としての能力や人間関係など、諸々の制約のもとでしかわれわれは生きられない。決断が下される例外状況においては、決断する主体にとって現実は制約とならず、現実としては消去されている。一方において西欧的な普遍主義であれ、世界革命の共産主義であれ、あれほど普遍主義的思考様式を嫌悪し、個別的なもの、具体的な場所に定着すること、すなわち、「場所確定」を重視したシュミットではあるが、他方では例外の方法を重視することによって、つねに最終的場面では「現実」が消去され、確定された場所も消去されることになってしまうという根本的な矛盾を、おのれの思想体系のなかに抱え込んでいた。「例外状況」も魔術的言語にみえてくる。

シュミットという人物

最後にシュミットの人物像について印象論的感想を述べて本書を終わりにしたい。本論のなかでもいくつか紹介したが、シュミットの言説・主張には相互に矛盾するところが少なからずあるように思われる。その点に関するかれ自身の弁明も必ずしも納得のいく説明になっているわけではない。また矛盾点が解消されるどころか、放置されたままにされていることもある。

シュミットは矛盾する論点を整理しそれを解消して、体系だった理論を構築していくというタイプの思想家ではない。『憲法論』のような体系的な著作もあるが、『政治的なものの概念』『政治神学』『現代議会主義の精神史的地位』『パルティザンの理論』など、大半はむしろ小冊子と言っていいものである。本書で何度か対比したマックス・ウェーバーの『経済と社会』の構想にみられるような体系化への意志はシュミットには認められない。これは思想家のタイプの違いの問題であって、善し悪しの問題ではない。しかし思想家の全体像を描こうとする場合、シュミットはなかなか難しい人物である。

カトリック教徒、国家主義者、決断主義者、公法学者、ナチのイデオローグ、能動的ニヒリスト、大学教授……。シュミットには様々な名称が与えられてきた。自称もあれば他称もあるが、これらのレッテルはそれぞれがシュミットの特徴の一面を表しており、一定の妥当性がある。かれは大学教授で公法分野の専門家だっただけでなく、確かに決断主義者であり、国家主義者であり、またカトリックでもあり、能動的ニヒリストでもあった。これらに日和見主義者、反ユダヤ主義者を付け加えてもよかろう。

さらにまたシュミットの全体像を描きにくくしているのは、これらがあたっているにもかかわらず、現実のシュミットはそれらの規定のいずれからも絶えず逸脱しているからである。かれはロマン主義を批判していながらロマン主義的だったし、個人主義を批判しながら個人主義に依拠したり、機会原因論を批判していながら機会原因論的であったし、ヒューマニズムを批判しながらヒューマニズム的であったりしたことについては、本論のなかでも触れてきた通りである。

論敵の批判には鋭いものがあったが、それに代わる対案をはっきり示せない場合が多いのもシュミットの特徴である。みずから批判している対象に別の文脈では依拠してしまうということは、依拠してはいてもその論拠に確固としてコミットしていない、コミットできるような立場をもっていないということになるのかもしれない。ブルジョアジーも労働者も、教養市民層も批判の対象であり、かれの思想の名宛人は未定のままである。

シュミットは何ものなのか、かれは一体どこにいるのか、いぶかる人がいるのは当然であり、ニヒリストと呼ばれる理由もこの辺にある。様々な立場や論拠から逸脱し移動していくというと、皮肉な意味で今日のトレンドに合った思想家のようにもみえてくる。決断を重視し、責任と真剣さを重視してきたシュミットにとって「移動」し「逸脱」するといわれるのは心外であろうが、そもそも「逸脱」にせよ「移動」にせよ、問題をはらんだ言葉なのである。

あとがき

本書のもととなる原稿は一年前にはほぼできあがっていたが、何かとのんびりしているうちに完成が遅れ、新型コロナウイルスの世界的流行という人類史的大事件のまっただなかに出版される見込みとなった。シュミットのいう例外状況の発生である。コロナ問題をつよく意識した内容に書き改めようという誘惑を感じないわけではなかったが、結局変更せずもとのままで出版することにした。シュミットの長い生涯を一面化するのはシュミットに対し公正さを欠くことになる、と考えたためである。

とはいえ、例外状況、決断、政治神学、ノモス、ライヒ、陸と海と空、テクノロジーを視野に入れたシュミットの政治学の射程は遠くに及び、今日ますますアクチュアリティを増しているようにも思える。そのシュミットが同時にナチのイデオローグでもあったという事実には当惑するが、「稀代の思想家」であるということと「ナチのイデオローグ」であるということは、シュミットにおいて必ずしも矛盾するものではないというところに、かれの政治学を取り上げる難しさがある。例外状況はシュミットによって同時代のナチス体制にたくみに適用されたが、ナチを超えて、ナチ以外にも適用できる概念でもある。シュミット政治学はそうした危うさを意識しつつ、新しい状況のもとで慎重に展開される必要があろう。

また本書はカール・シュミットの政治思想に関する「入門書」となることを意図しており、かれの理論や主張をできるだけ客観的に紹介する役割をもっている。と同時に本書はあくまで筆者が読んだ、あるいは読み込んできた限りでのシュミット論であり、私がいかにシュミットを読んできたかの報告であるという、個人的偏差をあわせもつ本でもある。ここでも客観性と主観性という必ずしも両立しない二つの局面のバランスをとるように心がけた。「入門書」としてシュミットの政治思想の多面的性格をできるだけ書いておきたいと思う一方で、新書という限られた分量のなかにあまり多くのことを詰め込むわけにはいかないし、またいろいろ書きこむと個々の論点の説明がおざなりになってしまうというジレンマを絶えず感じていた。

著書をまとめあげたときにいつも感じるのは、同じテーマでいま再び書くとしたら、本書とはまた別のものになるだろうということである。ならばその別のものを最初から書くべきではないかと思うひともいるかも知れないが、それは最初からわかっていることではなく、叙述の過程で浮かび上がってくるものである。思想史には対象となる思想家との対話の記録という面がある。対話を通しての新しい問題の発見ということがある以上、本を書きはじめるときと書き終わったときでは、同じ著者ではあってもまったく同じ著者であるということはありえない。対話を通して著者も変貌し、当初は予期していなかった新しい視点があらわれてくることにもなる。そうした視点は結果的にえられたものであり、本書のなかでは正面から取り上げてはおらず、断片的にしかふれていない。そのあたりの消息も読み取っていただければ幸いである。

シュミットの著作は一九七〇年代以来、長い間愛読してきた。七〇年代の後半だったか、ある会合で来日中のラインハルト・コゼレックに会ったことがある。「カール・シュミットの政治思想を研究しています」と自己紹介すると、かれは私に関心を示し、会合が終わると、にこやかな笑顔で話しかけてきた。当時、私はコゼレックをドイツ社会史の領袖のひとりとしか認識していなかったので、なぜかれが私に関心をもったかわからなかった。コゼレックがシュミットの高名な門弟だということを知らなかったのである。会話学校以外でドイツ人と話したことのなかった私は緊張しかれの話を聞き取るのが精一杯だったので、議論らしい議論にならなかったのは言うまでもない。

それにしても、当時保守革命派（ワイマール共和国期の右翼急進主義思想）を研究していた私は、その一環としてシュミットも研究対象に含めてはいたが、よりにもよってコゼレックの前で、なぜ自分の研究対象を保守革命ではなくシュミットだと言ったのか、いまとなっては不明である。コゼレックがシュミットの門弟だと知らなかったため、さほど研究してもいなかったのに、つい関心のある思想家といった程度の意味でシュミットの名前を出してしまったのであろう。知らない、見えないというのは強い、何でもできる、とわれながら感心するが、冷や汗ものだというのが正直なところである。しかしこの頃すでにシュミットの研究が念頭にあったことを示すエピソードではある。コゼレックへの自己紹介にもかかわらず、その後の私は保守革命の研究、それを含めたワイマール文化の思想世界の研究に重点を移し、シュミットを正面から取り上げることはほとんどなかった。そんななか、十数年前のことだが、学部のゼミにおいて大竹弘二氏の大著『正戦と内戦――カール・シュミットの国際秩序思想』を半年かけて読んで以降、シュミットへの関心が蘇ってくるのを感じ、再びシュミットに取り組むようになった。その「成果」の一部は前著『崩壊の経験――現代ドイツ政治思想講義』に組み込まれており、本書は同書の叙述をさらに展開したものである。

慶応大学のゼミでは『政治的なものの概念』や『政治神学』をはじめ、『政治的ロマン主義』や『現代議会主義の精神史的地位』など、シュミットの著作を何度も読んできた。各種の翻訳を利用させていただいたのは言うまでもない。また本書のなかでも邦訳を利用し引用させていただいた。原則としてそのまま引用したが、一部訳語を変えた場合もある。訳者の方々に感謝すると同時に、日本におけるシュミット研究の蓄積の厚さを感じた次第である。とくに長尾龍一、田中浩、原田武雄、新田邦夫の諸氏の訳業には限りない恩恵を受けた。また近年シュミットに関しては、書簡集や日記などを含め新しい論集や研究書など、日本語、ドイツ語、英語の文献だけでも膨大な数にのぼりつつある。この本が、一面ではシュミットの著作になじみのないひとへの「入門書」になると同時に、他面では多少ともシュミットの著作に接してきたひとが、専門的にこれらの文献に取り組むきっかけになればと願っている。

本書が世に出るのはもっぱら中央公論新社編集部の太田和徳さんのおかげである。単に編集実務を担当していただいたというだけではなく、本書のアイディアそのものが太田さんの企画に依っている。『崩壊の経験』をベースに「何か書いてみないか」と提案を受けたとき、「何か」と言われてもと多少戸惑ったものである。「何か」とは言ったものの、太田さんはあらかじめアイディアをもっていたようで「シュミットについてではどうですか」と言葉を続けた。「自分がどうシュミットを読んだかを書いていただければ読者には面白いと思いますよ」という太田さんの言葉に勇気づけられ、結局提案をお引き受けすることにした。ご期待に多少ともそえる内容になっていれば、と願うばかりである。本書の成るにあたって、あらためて感謝の言葉を記しておきたい。

二〇二〇年四月

蔭山　宏

David C. Durst, *Weimar Modernism. Philosophy, Politics and Culture in Germany 1918-1933*, Oxford, 2004.
Sascha Bru, *Democracy, Law and the Modernist Avant-Gardes. Writing in the State of Exception*, Edinburgh, 2009.
Enno Rudolph, hrsg., *Konflikt und Kultur*, Zürich, 2010.

訳，黎明書房，1961年.
カール・マルクス『ルイ・ボナパルトのブリュメール十八日』伊藤新一・北条元一訳，岩波文庫，1954年.
カール・マンハイム『保守主義的思考』森博訳，ちくま学芸文庫，1997年.
カール・マンハイム『イデオロギーとユートピア』高橋徹・徳永恂訳，中公クラシックス，2006年.
ヴァルター・ベンヤミン『暴力批判論　他十篇』野村修訳，岩波文庫，1994年.
ヴォルフガング・J・モムゼン『マックス・ヴェーバーとドイツ政治 1890-1920　II』安世舟・五十嵐一郎・小林純・牧野雅彦訳，未来社，1994年.
エルンスト・ユンガー『労働者―支配と形態』川合全弘訳，月曜社，2013年.
エルンスト・ユンガー『ユンガー政治評論選』川合全弘訳，月曜社，2016年.
カール・レーヴィット『ナチズムと私の生活―仙台からの告発』秋間実訳，法政大学出版局，1990年.
クリントン・ロシター『立憲独裁―現代民主主義諸国における危機政府』庄子圭吾訳，未知谷，2006年

尾高朝雄『天皇制の国民主権とノモス主権論―政治の究極は力か理念か』書肆心水，2014年.
蔭山宏『ワイマール文化とファシズム』みすず書房，1986年.
蔭山宏『崩壊の経験―現代ドイツ政治思想講義』慶應義塾大学出版会，2013年.
丸山眞男『増補版 現代政治の思想と行動』未来社，1964年.
丸山眞男『戦中と戦後の間 1936-1957』みすず書房，1976年.
丸山眞男『丸山眞男話文集・続１』みすず書房，2014年.
宮田光雄『平和のハトとリヴァイアサン―聖書的象徴と現代政治』岩波書店，1988年.
柳父圀近『エートスとクラトス―政治思想史における宗教の問題』創文社，1992年.

Karl Heinz Bohrer, *Die Kritik der Romantik. Der Verdacht der Philosophie gegen die literarischen Moderne*, Frankfurt, 1989.

3　その他の文献

ハンナ・アーレント『全体主義の起原』（全3巻）大久保和郎・大島通義・大島かおり訳，みすず書房，1972－74年.
ハインリヒ・A・ヴィンクラー『自由と統一への長い道　Iドイツ近現代史 1789-1933年』『同　IIドイツ近現代史 1933-1990年』後藤俊明・奥田隆男・中谷毅・野田昌吾訳，昭和堂，2008年.
エバーハルト・コルプ『ワイマル共和国史―研究の現状』柴田敬二訳，刀水書房，1986年.
デートレフ・ポイカート『ワイマル共和国―古典的近代の危機』小野清美・田村栄子・原田一美訳，名古屋大学出版会，1993年.
カール・D・ブラッハー『ドイツの独裁―ナチズムの生成・構造・帰結』（全2巻）山口定・高橋進訳，岩波書店，1975年.
ゴーロ・マン『近代ドイツ史　2』上原和夫訳，みすず書房，1977年.
ゴーロ・マン『ドイツの青春』（全2巻）林部圭一訳，みすず書房，1993年.
ハンス・モムゼン『ヴァイマール共和国史―民主主義の崩壊とナチスの台頭』関口宏道訳，水声社，2001年.
マックス・ヴェーバー『宗教社会学論選』大塚久雄・生松敬三訳，みすず書房，1972年.
エルンスト・カッシーラー『国家の神話』宮田光雄訳，講談社学術文庫，2018年.
マルティン・クリーレ『平和・自由・正義―国家学入門』初宿正典訳，御茶の水書房，1989年.
リュディガー・ザフランスキー『ハイデガー―ドイツの生んだ巨匠とその時代』山本尤訳，法政大学出版局，1996年.
クルト・ゾントハイマー『ワイマール共和国の政治思想―ドイツ・ナショナリズムの反民主主義思想』河島幸夫・脇圭平訳，ミネルヴァ書房，1976年.
フーゴ・バル『時代からの逃走―ダダ創立者の日記』土肥美夫・近藤公一訳，みすず書房，1975年.（部分訳）
ユルゲン・ハーバーマス『引き裂かれた西洋』大貫敦子・木前利秋・鈴木直・三島憲一訳，法政大学出版局，2009年.
セバスチャン・ハフナー『ナチスとのわが闘争―あるドイツ人の回想 1914-1933』中村牧子訳，東洋書林，2002年.
アドルフ・ヒトラー『完訳 わが闘争』（全3巻）平野一郎・高柳茂

ジョルジョ・アガンベン『例外状態』上村忠男・中村勝己訳，未来社，2007年.

長尾龍一『ケルゼンの周辺』木鐸社，1980年.
和仁陽『教会・公法学・国家―初期カール＝シュミットの公法学』東京大学出版会，1990年.
田中浩『カール・シュミット―魔性の政治学』未来社，1992年.
竹島博之『カール・シュミットの政治―「近代」への反逆』風行社，2002年.
亀嶋庸一『20世紀政治思想の内部と外部』岩波書店，2003年.
中道寿一『カール・シュミット再考―第三帝国に向き合った知識人』ミネルヴァ書房，2009年.
大竹弘二『正戦と内戦―カール・シュミットの国際秩序思想』以文社，2009年.
初宿正典『カール・シュミットと五人のユダヤ人法学者』成文堂，2016年.
古賀敬太『カール・シュミットとその時代』みすず書房，2019年.

Hans-Georg Flickinger hrsg., *Die Autonomie des Politischen. Carl Schmitts Kampf um einen beschädigten Begriff*, Weinheim, 1990.
Wolfgang Palaver, *Die mythischen Quellen des Politischen. Carl Schmitts Freund-Feind-Theorie*, Stuttgart, 1998.
William E. Scheuerman, *Carl Schmitt. The End of Law*, New York, 1999.
Louiza Odysseos and Fabio Petito ed., *The International Political Thought of Carl Schmitt. Terror, liberal war and the crisis of global order*, New York, 2007.
Andreas Kalyvas, *Democracy and the Politics of the Extraordinary. Max Weber, Carl Schmitt, and Hannah Arendt*, Cambridge, 2008.
Michaela Rissing/Thilo Rissing, *Politische Theologie. Schmitt-Derrida-Metz Eine Einführung*, Munchen, 2009.
Reinhard Mehring, *Carl Schmitt. Aufstieg und Fall. Eine Biographie*, München, 2009.
Stefan Breuer, *Carl Schmitt im Kontext Intellektuellenpolitik in der Weimarer Republik*, Berlin, 2012.

2 シュミット関係の著作

ラファエル・グロス『カール・シュミットとユダヤ人―あるドイツ法学』山本尤訳，法政大学出版局，2002年.
ヤン・ヴェルナー・ミューラー『カール・シュミットの「危険な精神」―戦後ヨーロッパ思想への遺産』中道寿一訳，ミネルヴァ書房，2011年.
ジョーゼフ・W・ベンダースキー『カール・シュミット論―再検討への試み』宮本盛太郎・古賀敬太・川合全弘訳，御茶の水書房，1984年.
ヤーコプ・タウベス『パウロの政治神学』高橋哲哉・清水一浩訳，岩波書店，2010年.
インゲボルク・マウス『カール・シュミットの法思想―ブルジョア法とファシズムの間』今井弘道・筏津安恕・住吉雅美訳，風行社，1993年.
ヘルムート・クヴァーリチュ編『カール・シュミットの遺産』初宿正典・古賀敬太編訳，風行社，1993年.
ヘルムート・クヴァーリチュ『カール・シュミットの立場と概念―史料と証言』宮本盛太郎・初宿正典・古賀敬太訳，風行社，1992年.
シャンタル・ムフ編『カール・シュミットの挑戦』古賀敬太・佐野誠訳，風行社，2006年.
ニコラウス・ゾンバルト『男性同盟と母権制神話―カール・シュミットとドイツの宿命』田村和彦訳，法政大学出版局，1994年.
ハインリヒ・マイアー『シュミットとシュトラウス―政治神学と政治哲学との対話』栗原隆・滝口清栄訳，法政大学出版局，1993年.
ジャック・デリダ『友愛のポリティックス』（全2巻）鵜飼哲・大西雅一郎・松葉祥一訳，みすず書房，2003年.
レオ・シュトラウス『ホッブズの政治学』（新装版）添谷育志・谷喬夫・飯島昇藏訳，みすず書房，2019年.
クリスティアン・クロコウ『決断―ユンガー、シュミット、ハイデガー』高田珠樹訳，柏書房，1999年.
クリス・ソーンヒル『現代ドイツの政治思想家―ウェーバーからルーマンまで』安世舟・永井健晴・安章浩訳，岩波書店，2004年.
フベルト・ロットロイトナー編『法、法哲学とナチズム』ナチス法理論研究会訳，みすず書房，1987年.

bis zum proletarischen Klassenkampf, Vierte Auflage, Berlin, 1976 (1921).
Politische Theologie. Vier Kapitel zur Lehre von der Souveränität, Dritte Auflage, Berlin, 1979 (1922).
Die geistesgeschichtliche Lage des heutigen Parlamentarismus, Funfte Auflage, Berlin, 1979 (1925).
Politische Romantik, Dritte Auflage, Berlin, 1968 (1925).
Die Kernfrage des Völkerbundes, Berlin, 1926.
Verfassungslehre, Berlin, 1954 (1928).
Der Begriff des Politischen. Text von 1932 mit einem Vorwort und drei Corollarien, Berlin, 1963.
Der Begriff des Politischen, Hamburg, 1933.
Legalität und Legitimität, Dritte Auflage, Berlin, 1980 (1932).
Der Leviathan in der Staatslehre des Thomas Hobbes. Sinn und Fehlschlag eines politischen Symbols, Köln, 1982 (1938).
Positionen und Begriffe im Kampf mit Weimar-Genf-Versailles 1923-1939, Duncker & Humblot, 1988 (1940).
Land und Meer. Eine weltgeschichtliche Betrachtung, Leipzig, 1942.
Ex Captivitate Salus, Erfahrungen der Zeit 1945/47, Köln, 1950.
Der Nomos der Erde im Völkerrecht des Jus Publicum Europaeum, Köln 1950.
Hamlet oder Hekuba. Der Einbruch der Zeit in das Spiel, Stuttgart, 1985 (1956).
Verfassungsrechtliche Aufsätze aus den Jahren 1924-1954, Berlin, 1973 (1958).
Theorie des Partisanen. Zwischenbemerkung zum Begriff des Politischen, Berlin, 1963.
Staat, Großraum, Nomos. Arbeiten aus den Jahren 1916-1969, Berlin, 1995.
Tagebücher 1930 bis 1934, Berlin, 2010.
Gespräch über die Macht und den Zugang zum Machthaber, Stuttgart, 2008 (1954).
Glossarium. Aufzeichnungen aus den Jahren 1947 bis 1958, Berlin, 2015.

雄訳，未来社，1983年.
『カール・シュミット時事論文集—ヴァイマール・ナチズム期の憲法・政治論集』古賀敬太・佐野誠編，風行社，2000年.
——「全体国家への転換」「ドイツにおける全体国家の発展」を含む.
カール・シュミット／カール・シュルテス『ナチスとシュミット—三重国家と広域秩序』服部平治・宮本盛太郎・岡田泉・初宿正典訳，木鐸社，1976年.
——「域外列強の干渉禁止を伴う国際法的広域秩序—国際法上のライヒ概念への寄与」「国家・運動・民族—政治的統一体を構成する三要素」を含む.
『陸と海と—世界史的一考察』生松敬三・前野光弘訳，福村出版，1971年.
『大地のノモス—ヨーロッパ公法という国際法における』新田邦夫訳，慈学社，2007年.
『パルチザンの理論—政治的なものの概念についての中間所見』新田邦夫訳，ちくま学芸文庫，1995年.
『ハムレットもしくはヘカベ』初見基訳，みすず書房，1998年.
『政治神学再論』長尾龍一・小林公・新正幸・森田寛二訳，福村出版，1980年.
『現代帝国主義論—戦争と平和の批判的考察』長尾龍一訳，福村出版，1972年.
『政治思想論集』服部平治・宮本盛太郎訳，ちくま学芸文庫，2013年.
『カール・シュミット論集』宮本盛太郎・初宿正典編，木鐸社，1978年.
——『政治的なものの概念』(1963年版)「まえがき」を含む.
ヴェーバー／シュミット『政治の本質』清水幾太郎訳，中公文庫，2017年.

Der Wert des Staates und die Bedeutung des Einzelnen, Tübingen, 1914.
Theodor Däublers "Nördlicht". Drei Studien über die Elemente, den Geist und die Aktualität des Werkes, Dritte Auflage, Berlin, 2009 (1916年初刊　以下同).
Die Diktatur. Von den Anfängen des modernen Souveränitätsgedankens

シュミット文献目録

・本書で引用・参照した文献を中心に入手し易さも考慮して挙げた（原書名はシュミットの著作に限った)。
・英語とドイツ語の研究書は最小限にとどめ、論文は割愛した。

1　シュミットの主要著作

『カール・シュミット著作集Ｉ 1922-1934』長尾龍一編，慈学社，2007年.
――『ローマカトリック教会と政治形態』「法学的思惟の三種類」を含む主要著書と論文の翻訳と編者による「カール・シュミット伝」
『カール・シュミット著作集Ⅱ 1936-1970』長尾龍一編，慈学社，2007年.
――『獄中記』『レヴィアタン―その意義と挫折』を含む主要著書と論文の翻訳と編者による附録「シュミット再読―悪魔との取引？」
『政治的ロマン主義』大久保和郎訳，みすず書房，1970年.
『独裁―近代主権論の起源からプロレタリア階級闘争まで』田中浩・原田武雄訳，未来社，1991年.
『政治的なものの概念』田中浩・原田武雄訳，未来社，1970年.
『政治神学　［付］K・レヴィット　シュミットの機会原因論的決定主義／ウェーバーとシュミット』田中浩・原田武雄訳，未来社，1971年.
『現代議会主義の精神史的状況　他一篇』樋口陽一訳，岩波文庫，2015年.
『現代議会主義の精神史的地位』服部平治・宮本盛太郎訳，社会思想社，1972年.
『憲法論』阿部照哉・村上義弘訳，みすず書房，1974年.〔付録にワイマール憲法の邦訳〕
『大統領の独裁　［付］憲法の番人（1929年版)』田中浩・原田武雄訳，未来社，1974年.
『合法性と正当性　［付］中性化と非政治化の時代』田中浩・原田武

蔭山　宏（かげやま・ひろし）

1945年生まれ．慶應義塾大学名誉教授．法学博士．68年慶應義塾大学経済学部卒業．74年一橋大学大学院社会学研究科博士課程単位取得退学．77年から慶應義塾大学法学部教員．2011年定年退職．

著書『ワイマール文化とファシズム』（みすず書房，1986）
『崩壊の経験――現代ドイツ政治思想講義』（慶應義塾大学出版会，2013）
『都市と文明』（共著，ミネルヴァ書房，1996）
『歴史のなかの現代――西洋・アジア・日本』（共著，ミネルヴァ書房，1999）

訳書 アーヴィング・ハウ 編『世紀末の診断――1984年以後の世界』（共訳，みすず書房，1985）
ヘンリー・パクター『ワイマール・エチュード』（共訳，みすず書房，1989）

カール・シュミット
中公新書 *2597*

2020年 6 月25日発行

著　者　蔭 山　宏
発行者　松 田 陽 三

本文印刷　三晃印刷
カバー印刷　大熊整美堂
製　　本　小泉製本

発行所　中央公論新社
〒100-8152
東京都千代田区大手町 1-7-1
電話　販売 03-5299-1730
　　　編集 03-5299-1830
URL http://www.chuko.co.jp/

Published by CHUOKORON-SHINSHA, INC.
Printed in Japan　ISBN978-4-12-102597-5 C1210

中公新書刊行のことば

いまからちょうど五世紀まえ、グーテンベルクが近代印刷術を発明したとき、書物の大量生産は潜在的可能性を獲得し、いまからちょうど一世紀まえ、世界のおもな文明国で義務教育制度が採用されたとき、書物の大量需要の潜在性が形成された。この二つの潜在性がはげしく現実化したのが現代である。

いまや、書物によって視野を拡大し、変りゆく世界に豊かに対応しようとする強い要求を私たちは抑えることができない。この要求にこたえる義務を、今日の書物は背負っている。だが、その義務は、たんに専門的知識の通俗化をはかることによって果たされるものでもなく、通俗的好奇心にうったえて、いたずらに発行部数の巨大さを誇ることによって果たされるものでもない。現代を真摯に生きようとする読者に、真に知るに価いする知識だけを選びだして提供すること、これが中公新書の最大の目標である。

私たちは、知識として錯覚しているものによってしばしば動かされ、裏切られる。私たちは、作為によってあたえられた知識のうえに生きることがあまりに多く、ゆるぎない事実を通して思索することがあまりにすくない。中公新書が、その一貫した特色として自らに課すものは、この事実のみの持つ無条件の説得力を発揮させることである。現代にあらたな意味を投げかけるべく待機している過去の歴史的事実もまた、中公新書によって数多く発掘されるであろう。

中公新書は、現代を自らの眼で見つめようとする、逞しい知的な読者の活力となることを欲している。

一九六二年一一月

哲学・思想

1 日本の名著（改版） 桑原武夫編
2187 物語 哲学の歴史 伊藤邦武
2378 保守主義とは何か 宇野重規
2522 リバタリアニズム 渡辺 靖
2591 白人ナショナリズム 渡辺 靖
2288 フランクフルト学派 細見和之
2300 フランス現代思想史 岡本裕一朗
2036 日本哲学小史 熊野純彦編著
832 外国人による日本論の名著 佐伯彰一・芳賀 徹編
1696 日本文化論の系譜 大久保喬樹
312 徳川思想小史 源 了圓
2097 江戸の思想史 田尻祐一郎
2276 本居宣長 田中康二
2458 折口信夫 植村和秀
2535 事大主義—日本・朝鮮・沖縄の「自虐と侮蔑」 室井康成
1989 諸子百家 湯浅邦弘
36 荘 子 福永光司
1695 韓 非 子 冨谷 至
1120 中国思想を考える 金谷 治
2042 菜 根 譚 湯浅邦弘
2220 言語学の教室 西村義樹・野矢茂樹
1862 入門！論理学 野矢茂樹
448 詭弁論理学（改版） 野崎昭弘
593 逆説論理学 野崎昭弘
1939 ニーチェ—ツァラトゥストラの謎 村井則夫
2594 マックス・ウェーバー 野口雅弘
2257 ハンナ・アーレント 矢野久美子
2339 ロラン・バルト 石川美子
674 時間と自己 木村 敏
1829 空間の謎・時間の謎 内井惣七
814 科学的方法とは何か 浅田彰・黒田末寿・佐和隆光・長野敬・山口昌哉
2176 動物に魂はあるのか 金森 修
2495 幸福とは何か 長谷川宏
2505 正義とは何か 神島裕子
2203 集合知とは何か 西垣 通
2597 カール・シュミット 蔭山 宏

RC 1886 中公新書

宗教・倫理

b1

2293 教養としての宗教入門 中村圭志
2459 聖書、コーラン、仏典 中村圭志
2158 神道とは何か 伊藤聡
1130 仏教とは何か 山折哲雄
2135 仏教、本当の教え 植木雅俊
2416 浄土真宗とは何か 小山聡子
2365 禅の教室 藤田一照 伊藤比呂美
134 地獄の思想 梅原猛
989 儒教とは何か（増補版） 加地伸行
1707 ヒンドゥー教―インドの聖と俗 森本達雄
2261 旧約聖書の謎 長谷川修一
2076 アメリカと宗教 堀内一史
2360 キリスト教と戦争 石川明人
2453 イスラームの歴史 K・アームストロング 小林朋則訳
2306 聖地巡礼 岡本亮輔
2310 山岳信仰 鈴木正崇
2499 仏像と日本人 碧海寿広

RC 1886 中公新書

世界史

e2

中公新書

現代史